이야기 속 즐거운 컴퓨터 과학

With 스파이크™ 에센셜

김인철 지음

2022 개정 교육과정
정보 융합 교육

이야기 속 즐거운 컴퓨터 과학 with 스파이크™ 에센셜

김인철 InchulKER

약력

- 서울교육대학교 졸업 (초등교육 전공)
- 대구교육대학교 교육대학원 교육학 석사 (AI 교육 전공)
- 경상북도교육청 초등교사
- 경북 디지털xAI 교육 연구회(DnA Ed LAB) 운영
- Google Certified Trainer (2020년~)
- WRO Korea 심사위원 및 트레이너 (2018년~)

저서

- 미래학교는 역량을 가르친다. 공저(에듀니티, 2023.1.)
- 교과서 속 신나는 컴퓨터과학. 공저(핸즈온테크놀러지, 2021.2.)
- We Can Do It. 공저(핸즈온테크놀러지, 2019.1.)
- 초등 프로젝트 수업. 공저(지식프레임, 2018.9.)

논문

- 김인철, 유인환. (2023). 창의적 문제해결력 향상을 위한 도전기반학습 중심의 머신러닝 학습프로그램 개발. 초등교육연구논총, 39(4) pp 113~136.

연락처

Web http://www.ICKLAB.com
E-Mail inchulker@gmail.com
Instagram Inchulker

머리말

우리는 빠르게 변화하는 디지털 시대에 살고 있습니다. 컴퓨터와 인터넷을 넘어 다양한 스마트 기기와 센서들이 서로 연결된 **사물인터넷(IoT)** 환경은 우리의 생활 속에서 자연스러워졌습니다. 이러한 기술적 변화는 교육 현장에도 영향을 미치고 있습니다. 인공지능(AI) 기술은 방대한 데이터를 처리하고 분석하여 우리의 생활을 더욱 편리하게 만들어 주며, 이를 통해 우리는 필요한 정보를 효율적으로 얻고 활용할 수 있게 되었습니다.

이러한 디지털 시대를 맞이하며 준비하기 위해서는 기술적 역량과 창의력, 그리고 문제 해결 능력이 필수적입니다. 특히 오늘날의 교육에서는 기존의 단일 학문이 아닌, 여러 분야가 융합된 새로운 기술과 학문에 대한 이해와 활용이 중요해지고 있습니다. 따라서 학생 스스로 과제에 도전하여 창의력을 개발하고 이를 바탕으로 실생활 문제를 해결하는 능력을 기르는 것이 매우 중요합니다.

이 책은 **레고® 에듀케이션 스파이크™ 에센셜**을 활용하여, 어린이의 호기심을 자극하고 즐거운 마음으로 **1체험하고, 2생각하고, 3표현할 수 있는** 컴퓨터과학 교육(정보교육)이 되도록 구성되었습니다. 2015 개정 교육과정에서 초등학교 실과 교과의 한 영역으로 도입된 정보 교육은 **컴퓨팅 사고력(Computational Thinking)** 함양을 목표로 하고 있습니다. 이어지는 2022 개정 교육과정에서는 학생의 기초 소양으로 언어 및 수리 소양과 함께 모든 교과교육 내에서 **디지털 소양**을 기르도록 새롭게 추가하여 정보교육으로 이어갈 수 있도록 하였습니다.

이 책은 초등학생의 구체적 조작기 발달 단계에 맞추어 '놀이'를 통한 배움을 중요하게 생각하였습니다. 초등학생이 실생활에서 접하는 문제를 해결하는 과정으로 구체물을 직접 만들고 간단한 프로그램으로 구현하도록 구성하였습니다. 그 가운데 학습 부담을 느끼지 않고 즐겁게 학습할 수 있도록 하였습니다.

책은 총 4개의 주제로 구성되어 있습니다.

1장에서는 놀이동산을 주제로 다양한 놀이기구의 구조와 움직임을 살펴보고, 이를 재구성하여 표현하며 프로그래밍을 통해 구현해 봅니다.
2장에서는 스마트 모빌리티를 주제로 현재와 미래의 다양한 수송수단을 탐구하고, 이를 재구성하여 프로그래밍을 통해 구현해 봅니다.
3장에서는 크리에이터 주제로 여러 상황에 맞는 창작물을 만들거나 모방하여 보고 프로그래밍을 통해 구현해 봅니다.
4장에서는 이노베이터 주제로 기존 물건에서 불편한 점을 생각해보고 혁신적인 기능을 더해 새로운 장치로 표현하고 프로그래밍을 통해 구현해 봅니다.

이 책이 어린이들의 창의력과 문제 해결 능력을 기르고, 나아가 컴퓨터와 프로그래밍을 통해 자신의 아이디어를 실현하는 데 큰 도움이 되기를 바랍니다.

이야기 속 즐거운 컴퓨터 과학 with 스파이크™ 에센셜

교재 사용 방법 안내

본 교재는 2022 개정 교육과정에서 실과교과의 정보교육 영역 성취기준을 기반으로 제작하였습니다. 교재는 초등학교 정규 교육과정의 '학교 자율시간'이나 '동아리 활동'에 사용할 수 있으며, 방과 후 수업 혹은 자율 동아리 활동에서도 사용이 가능합니다.

수업에서 학습자 2명이 한 팀을 만들어 서로 협력할 수 있는 환경을 만들어주는 것이 중요합니다. 각 장마다 4개의 소주제로 구성되어 있으며, 각 소주제는 2차시 분량으로 구성되어 있으며 상황에 따라서 1차시(1~4활동), 2차시(5활동)로 나누어 운영도 가능합니다.

컴퓨팅 사고력은 학생들이 일상 속에서 마주할 수 있는 문제들을 효율적으로 해결할 수 있는 능력으로, **분해, 패턴 인식, 추상화, 알고리즘, 프로그래밍**의 다섯 가지 요소로 구성되어 있습니다. 이 책은 이러한 요소들을 기반으로 학습하는 과정에서 체계적으로 적용하였습니다.

1. 놀이 단계

놀이 단계는 교수자는 학습 내용과 방법을 안내하며 시범 보이고, 학습자는 주도적으로 관찰하고 탐색하는 방법으로 진행합니다. 학습자가 즐거운 마음으로 흥미를 가질 수 있도록 조작하고 체험하는 '놀이' 단계입니다.

1. 이야기 속으로 들어가요.

- 소주제는 생활 속 이야기로 시작됩니다.
  이야기에 '루루'와 '주주' 두 명의 초등학생이 주인공으로 등장합니다. 이야기의 장소는 학교, 집, 공원, 도서관 등 주제에 따라 상황이 제시됩니다.

- 이야기를 학습자와 함께 소리내어 읽으며, 상황(맥락)을 파악합니다.

> [6실05-01] 컴퓨터를 활용한 생활 속 문제해결 사례를 탐색하고 일상생활 속 문제를 해결하기 위한 알고리즘을 다양한 방법으로 표현한다.

- 생활 속에 적용되는 로봇이나 발명품의 사례를 설명하는 글을 읽으며 살펴보고, 마지막에 제시되는 도전 과제를 통해 관심과 흥미를 가질 수 있도록 합니다.

> [6실04-05] 로봇의 종류와 활용 사례를 통해 작동 원리를 이해하고, 로봇에 대한 관심과 흥미를 가진다.

2. 만들어 보아요.

· 도전 과제를 해결할 수 있도록 학습자가 직접 만드는 해결책(로봇)의 완성사진을 살펴보며 구조를 파악합니다.

> **[6실04-04]** 로봇의 개념과 구조를 이해하고, 생활 속 로봇 기능을 체험하여 로봇의 중요성을 인식한다.

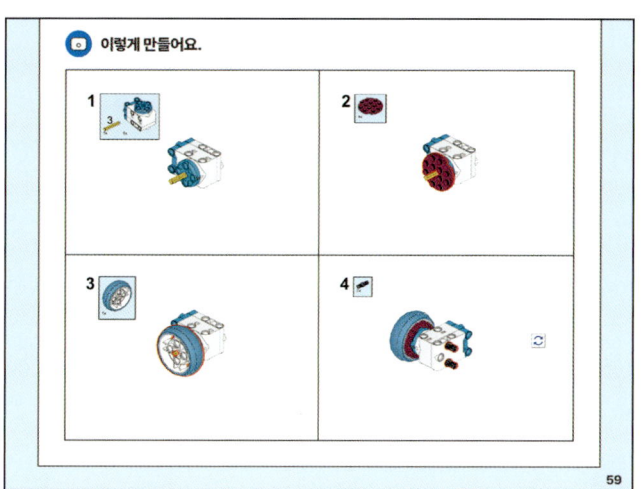

· 해결책(로봇)을 만들기 위한 조립도입니다. 번호 순서에 맞게 진행하며, 각 그림별 왼쪽 윗부분의 그림은 조립에 필요한 부품을 안내합니다.

> **[6실04-06]** 로봇의 융합 기술을 이해하고, 간단한 로봇을 만들어 코딩과 프로그램을 적용하여 동작시키는 체험을 통해 융합 기술의 가치를 인식한다.

· 해결책(로봇)을 완성한 후, 어떻게 움직이면 좋을지 학습자와 함께 생각해 보는 과정입니다. 여러 동작으로 나누어 작은 단위로 움직임을 생각해 봅니다. 학습자가 원하는 움직임을 직접 써봐도 좋습니다.

> **[6실05-01]** 컴퓨터를 활용한 생활 속 문제해결 사례를 탐색하고 일상생활 속 문제를 해결하기 위한 알고리즘을 다양한 방법으로 표현한다.

3. 프로그래밍 해요.

· 앞에서 생각한 하나의 동작을 몇 가지 순서로 나열해 봅니다. 그 후에 순서에 맞는 블록 코드로 바꾸고, 프로그래밍을 해봅니다. 프로그래밍할 때 다양한 옵션(수치, 단위 등)이 있음에 유의합니다.

> **[6실05-02]** 컴퓨터에게 명령하는 방법을 체험하고, 주어진 문제를 해결하는 프로그램을 작성한다.

2. 수정 단계

수정 단계는 교수자가 의도적으로 모듈 및 알고리즘을 변형하여 제시합니다. 이 교재에서는 앞서 연습한 3가지 동작을 시간의 흐름에 맞게 하나의 움직임으로 연결하여 과제를 제시합니다. 이렇게 이 단계는 학습자가 앞에서 학습한 내용을 기반으로 수정, 확장, 보완하는 방법을 실습해보는 단계입니다.

4. 문제를 해결해요.

- 3가지 동작으로 구분하여 프로그래밍해 본 경험을 바탕으로 하나의 움직임으로 합하여 작동할 수 있도록 합니다.
- 제시된 움직임을 학습자와 함께 읽고 파악하여, 움직임을 프로그래밍 하기에 앞서 여러 순서로 분해하여 작동 알고리즘을 생각해 봅니다.
- 작동 알고리즘은 교수자가 바로 제시하기보다 학습자가 스스로 직접 써볼 수 있으면 좋습니다.

> [6실05-01] 컴퓨터를 활용한 생활 속 문제해결 사례를 탐색하고 일상생활 속 문제를 해결하기 위한 알고리즘을 다양한 방법으로 표현한다.

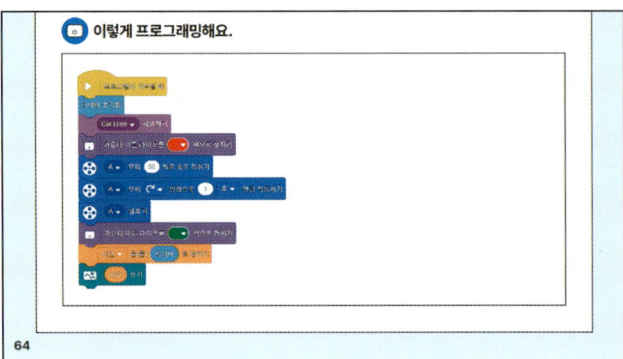

- 학습자가 직접 작성해본 작동 알고리즘을 생각하며 각 순서마다 프로그래밍하기 위해 스스로 블록코드를 찾아봅니다.
- 학습자가 찾은 블록코드를 순서에 맞게 정렬하여 하나의 프로그램으로 완성합니다.

> [6실05-02] 컴퓨터에게 명령하는 방법을 체험하고, 주어진 문제를 해결하는 프로그램을 작성한다.

3. 재구성 단계

재구성 단계는 학습자가 주도성을 가지고 학습을 진행합니다. 앞에서 학습한 내용을 기반으로 학습자가 원하는 활동으로 확장해 갑니다. 자신이 생각하는 움직임을 분해하여 순서가 있는 작동 알고리즘을 작성해보고, 프로그래밍하고 디버깅하며 원하는 움직임이 실제로 구현되도록 도전해 봅니다. 이렇게 이 단계는 학습자가 재구성하여 구현해보고 최종 결과물을 산출해내는 단계입니다.

5. 도전해요.

- 교재에는 교수자의 수업 진행을 돕기 위한 예제를 담아두었습니다. '5.도전해요.'는 수업 시간이 부족할 경우 필수로 운영하지는 않으셔도 됩니다.

- 학습자가 원하는 움직임을 생각해보고, 그 움직임에 필요한 작게 분해한 동작들을 알고리즘으로 직접 써봅니다.

- 학습자가 직접 작성해본 작동 알고리즘을 생각하며 각 순서마다 프로그래밍을 위한 블록코드를 찾아봅니다.

- 학습자가 찾은 블록코드를 순서에 맞게 정렬하여 하나의 프로그램으로 만들고 구현해보고, 발생한 오류는 수정합니다.

- 마지막으로 가장 중요한 활동으로 학습자가 자신의 프로그램을 다른 사람들 앞에서 시연하고 설명합니다. 이를 통해 학습자가 스스로 얼마나 알고 있는지를 생각해볼 수 있는 기회가 되고, 다른 사람들의 질문과 의견을 받아볼 수 있는 기회가 됩니다.

> **[6실05-03]** 실생활의 문제를 해결하는 프로그램을 협력하여 작성하고, 산출물을 타인과 공유한다.

목차

1단원. 놀이동산

- **1-1** 오르락내리락 의자 · 10
- **1-2** 바이킹 · 18
- **1-3** 자이로드롭 · 26
- **1-4** 회전목마 · 34

2단원. 스마트 모빌리티

- **2-1** 강아지와 놀아요. · 44
- **2-2** 스마트 자전거 · 52
- **2-3** 배달 로봇 · 60
- **2-4** 4다리 로봇 · 68

3단원. 크리에이터

- **3-1** 운동 도움 로봇 ·········· 76
- **3-2** 길 따라가는 로봇 ·········· 84
- **3-3** 오르골 ·········· 92
- **3-4** 댄스 로봇 ·········· 102

4단원. 이노베이터

- **4-1** 스마트 조명 ·········· 110
- **4-2** 사랑 가득 저금통 ·········· 118
- **4-3** 스마트 선풍기 ·········· 126
- **4-4** 분리 상자 ·········· 134

이야기 속
즐거운 컴퓨터 과학
With 스파이크™ 에센셜

1단원. 놀이동산

1-1 오르락내리락 의자

 **1. 이야기 속으로 들어가요.**

　이 놀이기구는 올려진 장치를 위로 들어 올리고 내리면서 움직임이 만들어져요. 이 움직임은 놀이기구의 중심에 있는 '축'을 기준으로 회전하면서 발생합니다.

　의자 모양이 있어서 어린이가 안전하게 앉을 수 있지요. 놀이기구가 빠르게 움직이고 높이를 오르내리면서, 몸이 끌려가는 스릴을 느끼게 해준답니다.

　친구나 가족과 함께 놀이기구를 즐기는 경험은 추억을 만들 수 있어요. 이런 경험을 통해 새로운 것이 움직임을 몸으로 배울 수도 있지요.

　몸으로 느껴본 경험을 직접 놀이기구로 만들어 표현해 볼까요?

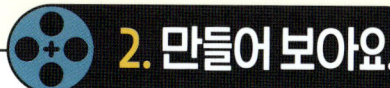

2. 만들어 보아요.

🔘 무엇을 만드나요?

작동 영상

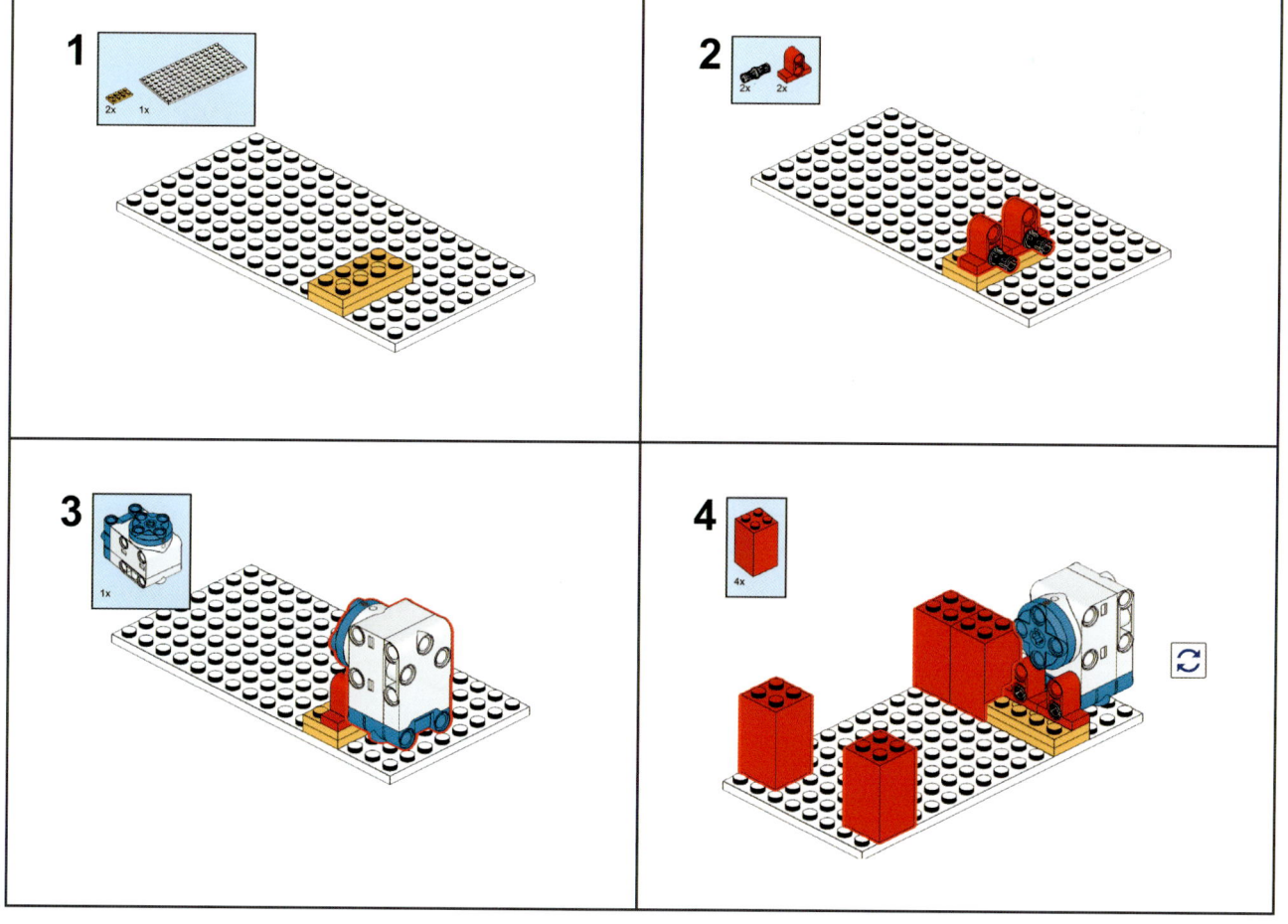

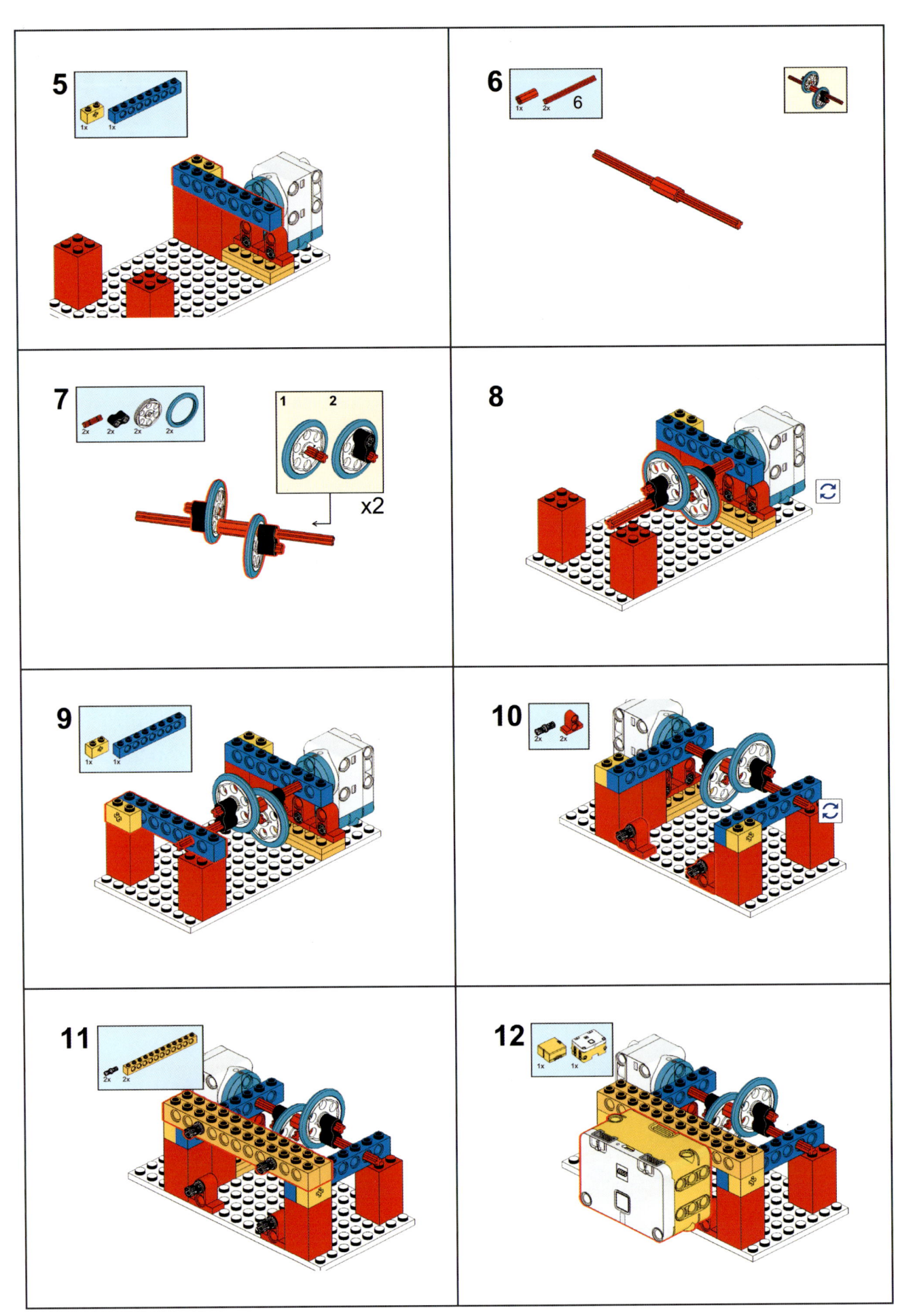

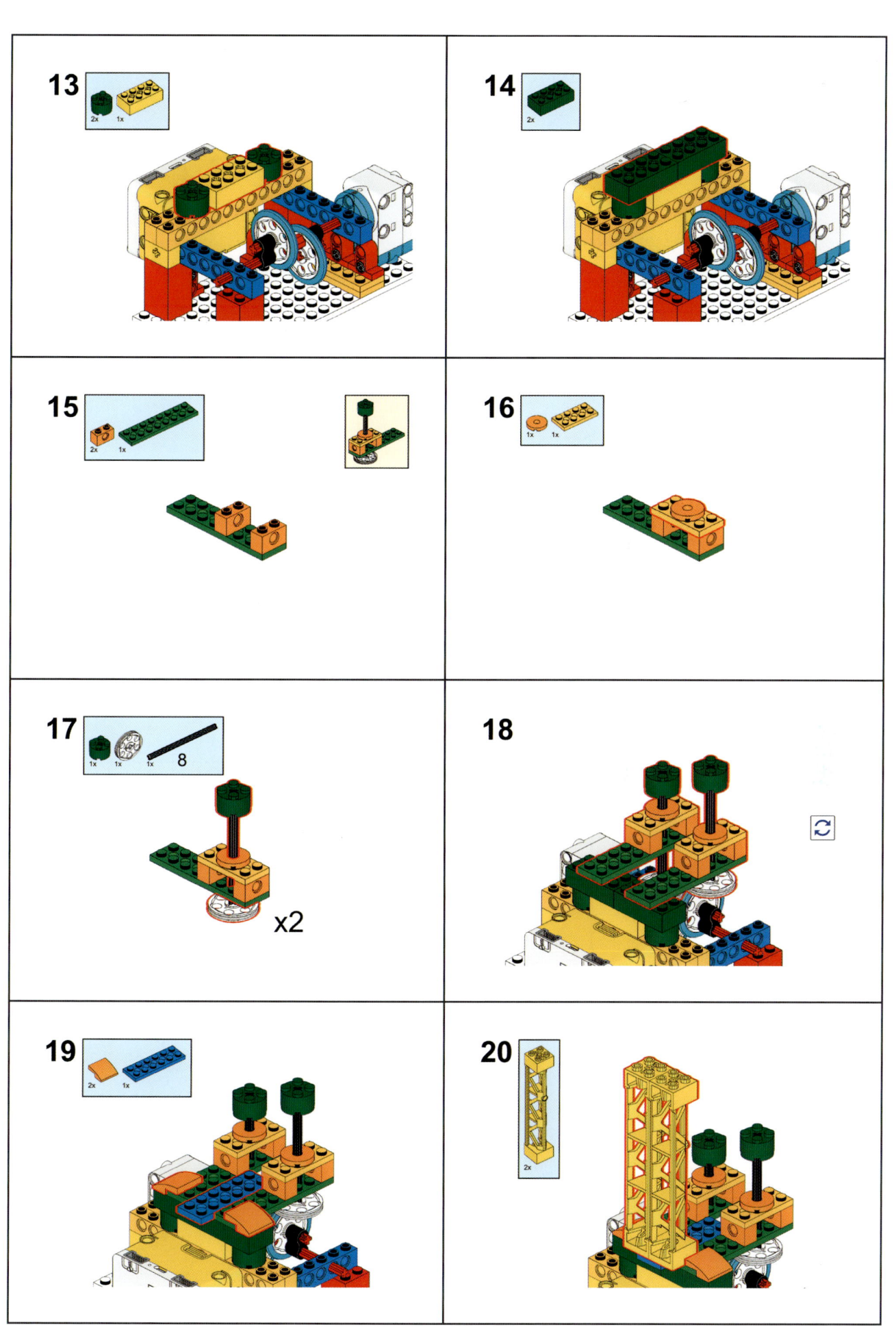

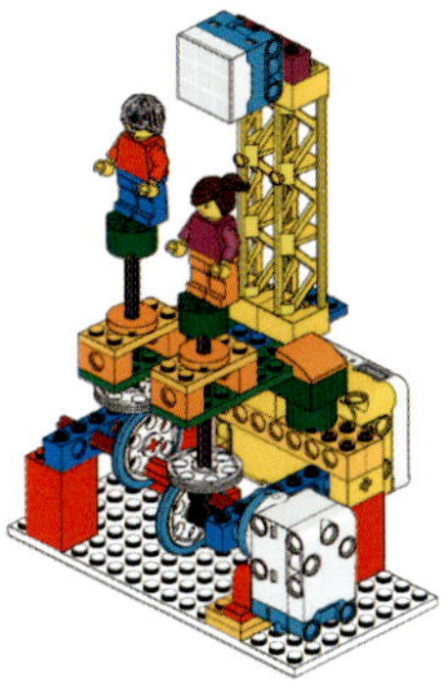

어떻게 움직일까요?

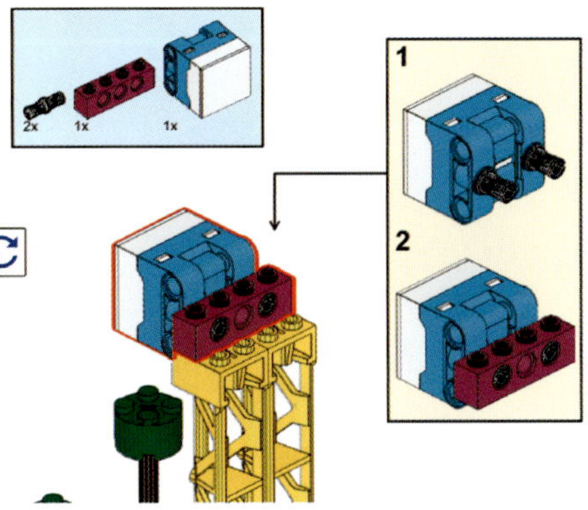

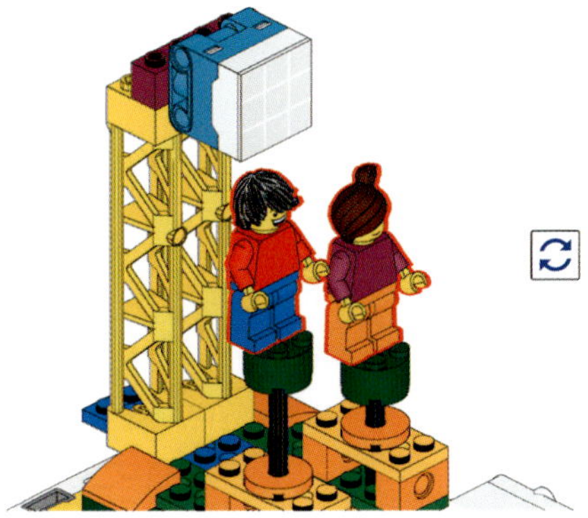

의자가 오르락내리락하면 좋겠어요.

움직일 때 신나는 노래가 나오면 좋겠어요.

움직일 때 반짝반짝 빛나면 좋겠어요.

3. 프로그래밍 해요.

1. **이벤트** 시작한다.
2. **모터** A 모터의 속도를 30%로 설정한다.
3. **모터** A 모터를 시계 방향으로 5초 동안 작동시킨다.
4. **모터** A 모터를 정지시킨다.

1. **이벤트** 시작한다.
2. **사운드** 사운드(8 Bit Music)을 재생한다.
3. **제어** 5초간 기다린다.
4. **사운드** 모든 사운드를 끈다.

1. **이벤트** 시작한다.
2. **라이트** 노란색 빛을 켠다.
3. **제어** 0.3초간 기다린다.
4. **라이트** 노란색 빛을 끈다.
5. **제어** 2~4를 10회 반복한다.

15

4. 문제를 해결해요.

> 프로그램이 시작하면, 놀이기구가 천천히 위아래로 움직이면서 둥글게 돌아가요. 출발하면서 동시에 음악이 시작돼요. 음악이 끝날 때, 움직임도 멈추면 좋겠어요.

이렇게 작동해요.

작동 알고리즘	라이트 알고리즘
① 시작한다. ② 놀이기구에서 음악이 나온다. ③ 놀이기구의 속도를 30%로 설정한다. ④ 놀이기구의 모터를 3초 동안 작동시킨다. ⑤ 음악을 멈춘다.	① 시작한다. ② 조명에 불이 켜진다. ③ 조명이 반짝인다. ④ 3초가 지난 후 조명이 꺼진다.

이렇게 프로그래밍해요.

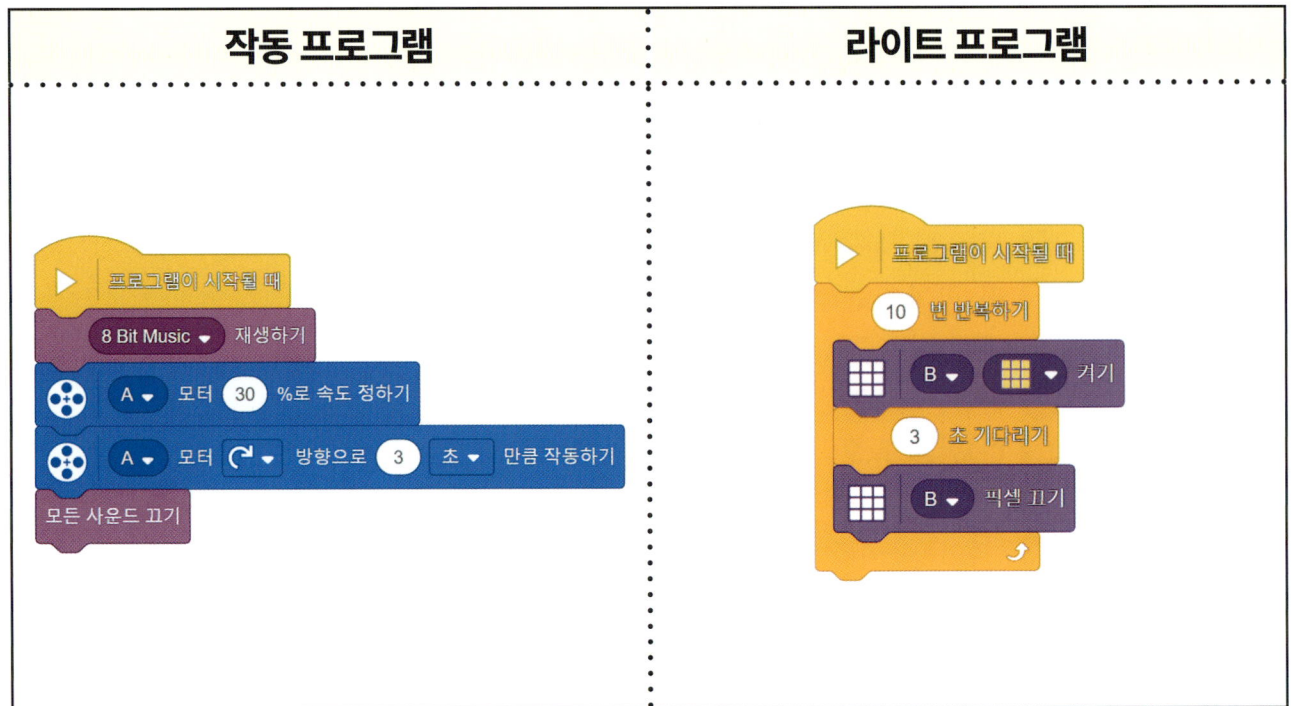

5. 도전해요.

 놀이기구의 속도가 점점 빨라지면 좋겠어요.

 놀이기구가 출발 전에 안전하다는 초록색으로 표시되면 좋겠어요.

알고리즘	프로그래밍 + 디버깅

추가 [작동 알고리즘]에 추가

4 놀이기구의 모터를 작동시킨다.
4-1 놀이기구의 속도를 30%로 설정한다.
4-2 놀이기구의 모터를 1초 동안 작동시킨다.
4-3 놀이기구의 속도를 50%로 설정한다.
4-4 놀이기구의 모터를 1초 동안 작동시킨다.

[작동 알고리즘]에 추가

1-1 B 라이트 매트릭스의 색을 초록색으로 바꾸고, 3초 동안 켠다.

[라이트 알고리즘]에 추가

1-1 3초 기다린다.

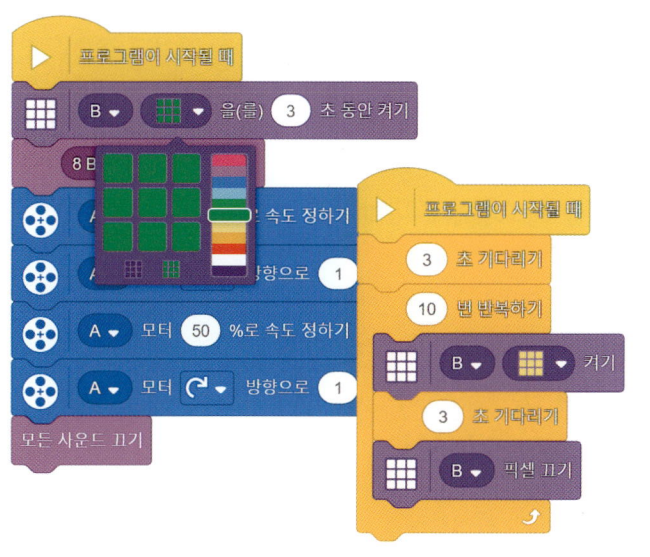

1단원. 놀이동산

1-2 바이킹

 **1. 이야기 속으로 들어가요.**

바이킹은 놀이동산에서 꼭 볼 수 있는 놀이기구 중 하나입니다. 이 놀이기구는 기다란 배 형태를 하고 있어요. 사람들이 타면 배가 좌우로 크게 움직이면 점점 높게 올라갑니다. 높이 올라갔다가 땅으로 내려갈 때 스릴을 느끼게 해준답니다.

바이킹을 탈 때는 마치 배를 타고 파도 위를 가르며 나아가는 기분을 느낄 수 있어요. 바이킹도 친구와 가족이 함께 타면 즐거운 시간을 보낼 수 있는 놀이기구입니다.

몸으로 직접 느끼는 경험을 통해 움직임의 특징을 생각해 볼 수도 있지요. 몸으로 느껴본 경험을 직접 놀이기구로 만들어 표현해 볼까요?

2. 만들어 보아요.

무엇을 만드나요?

작동 영상

이렇게 만들어요.

1

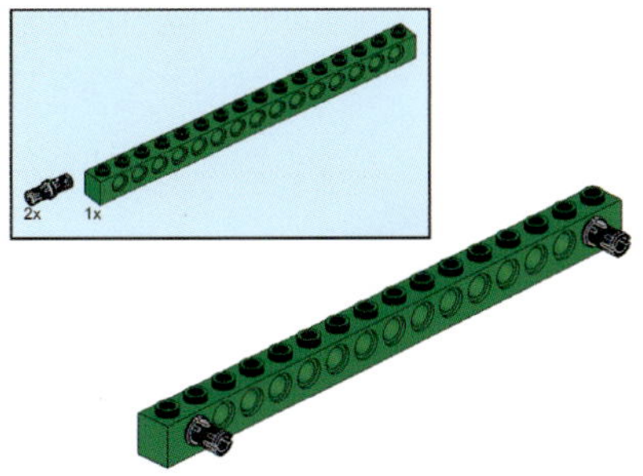

2

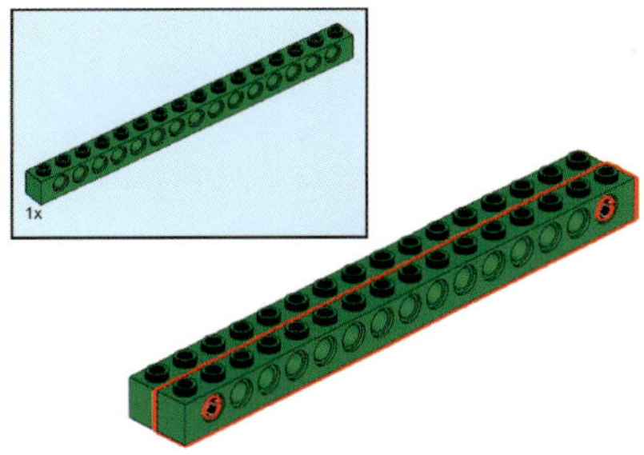

3

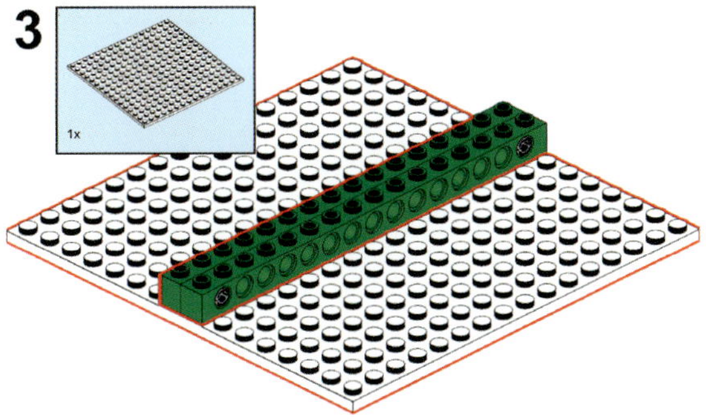

4

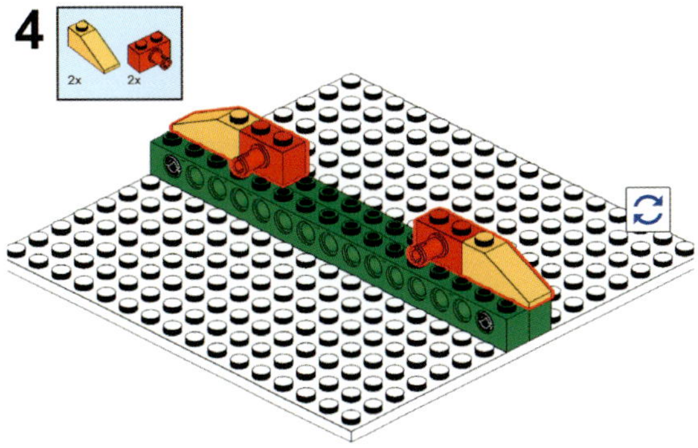

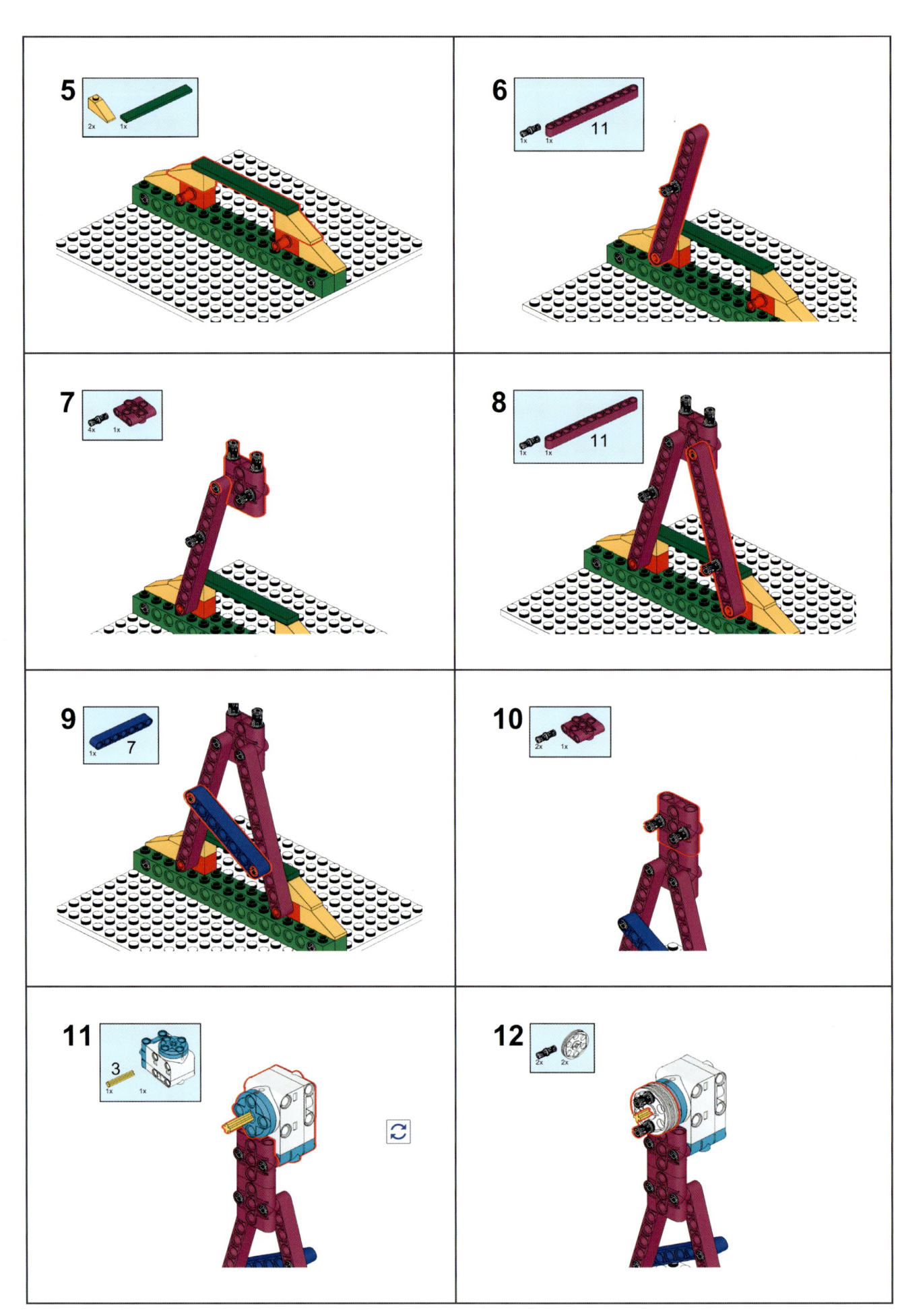

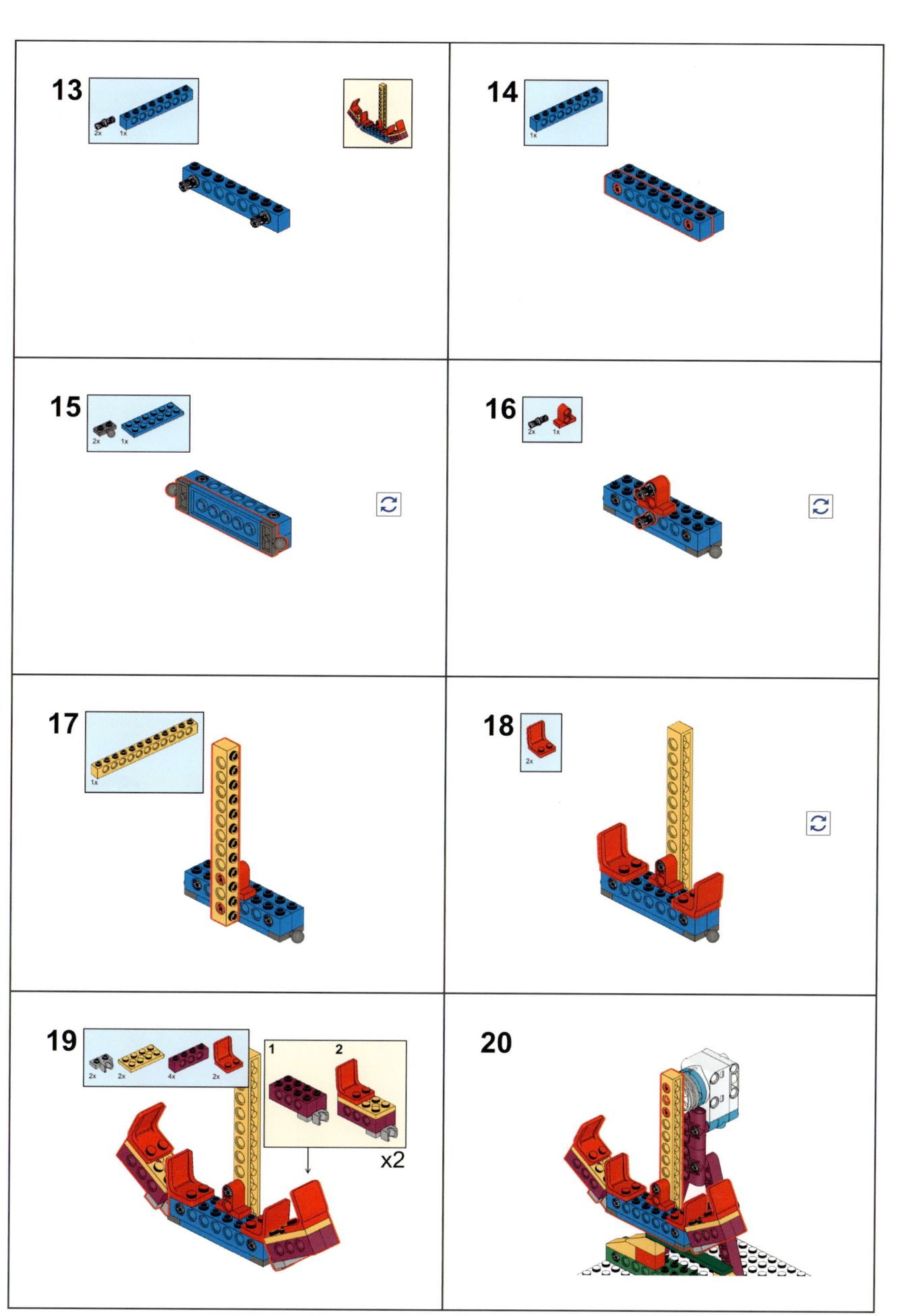

21

22

23

24

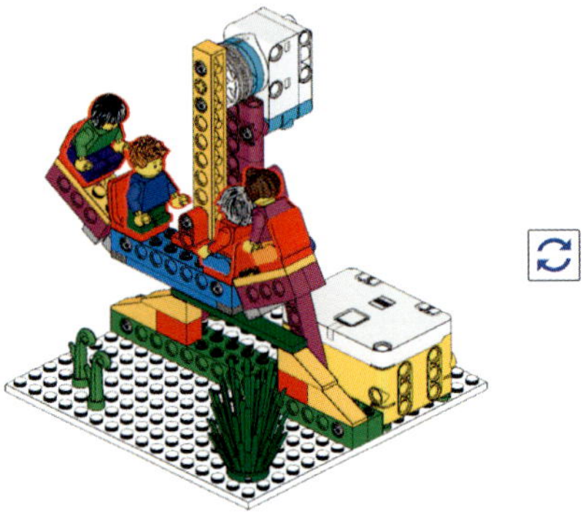

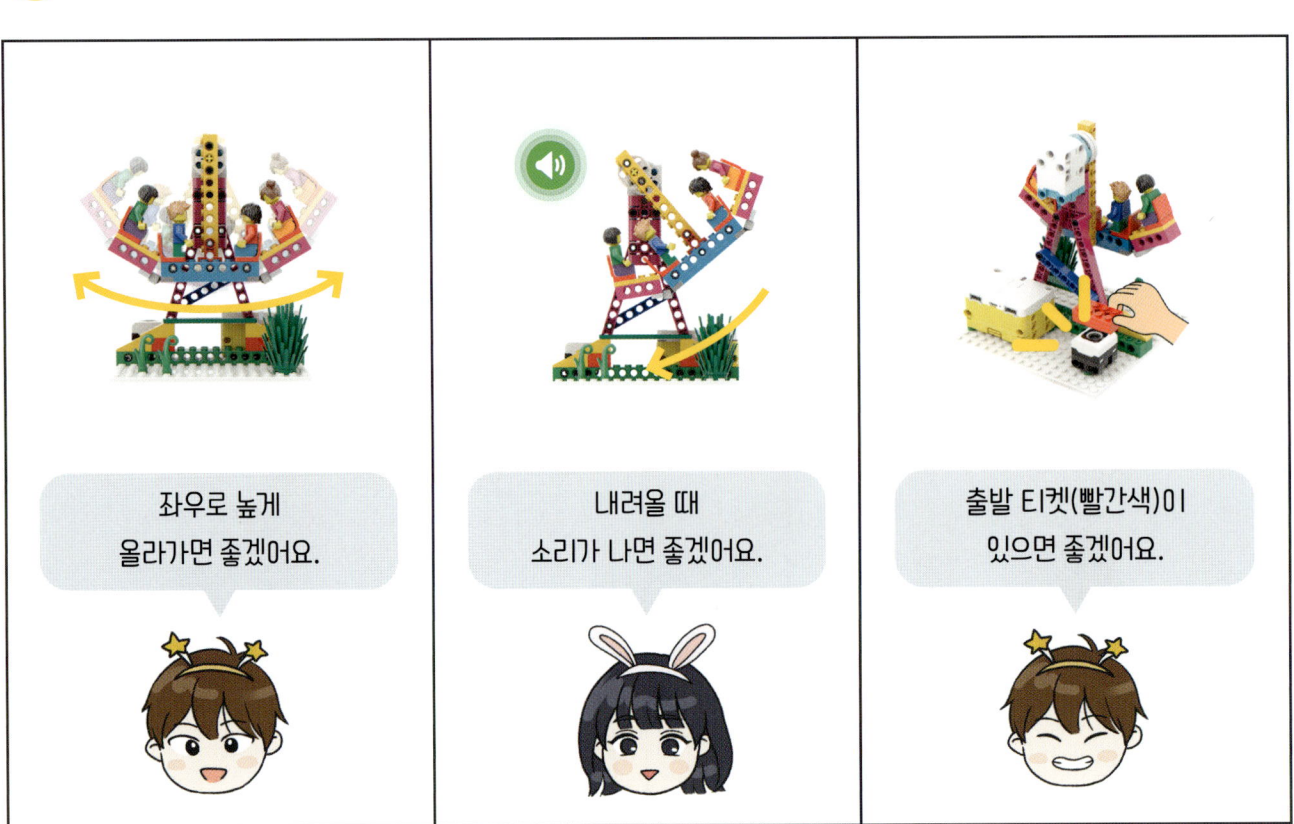

어떻게 움직일까요?

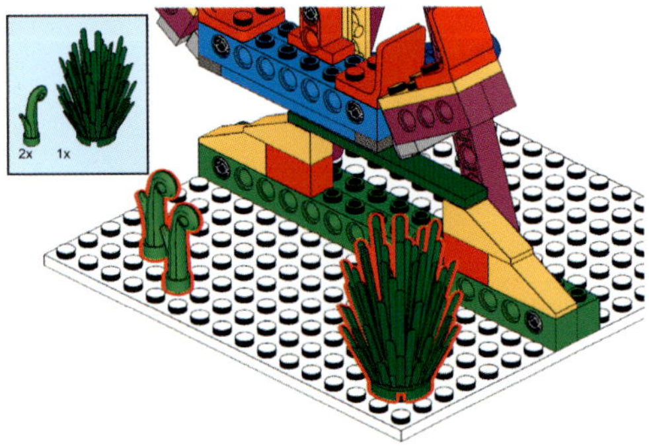

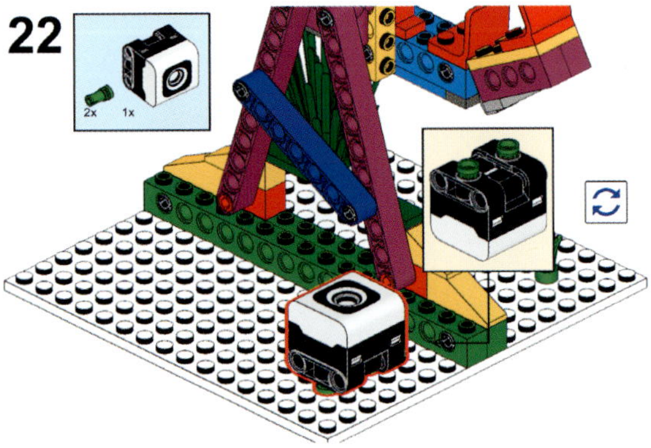

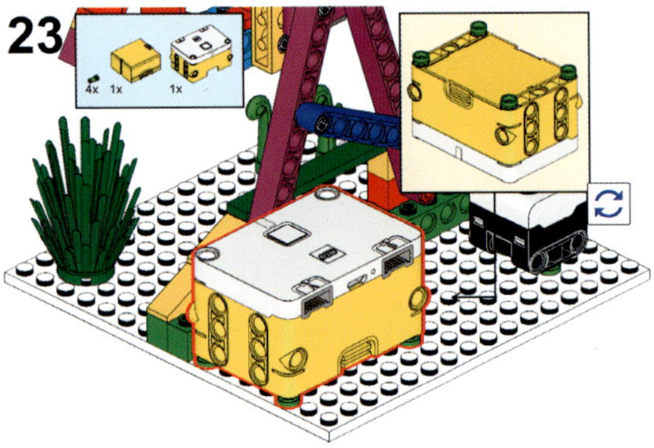

좌우로 높게
올라가면 좋겠어요.

내려올 때
소리가 나면 좋겠어요.

출발 티켓(빨간색)이
있으면 좋겠어요.

3. 프로그래밍 해요.

❶ **이벤트** 시작한다.
❷ **모터** A 모터를 시계 방향으로 100도 작동시킨다.
❸ **모터** A 모터를 시계 반대 방향으로 200도 작동시킨다.
❹ **모터** A 모터를 시계 방향으로 200도 작동시킨다.
❺ **모터** A 모터를 시계 반대 방향으로 100도 작동시킨다.
❻ **모터** A 모터를 정지시킨다.

[위의 알고리즘에서 추가함]
2-1 **사운드** 사운드 (Slide Whistle 2)을 재생한다.
3-1 **사운드** 사운드 (Slide Whistle 2)을 재생한다.
4-1 **사운드** 사운드 (Slide Whistle 2)을 재생한다.

[위의 알고리즘에서 변경함]
❶ **이벤트** B 컬러 센서에 빨간색 신호가 들어올 때 시작한다.

4. 문제를 해결해요.

출발 티켓(빨간색)을 가지고 바이킹을 타러 왔어요.
바이킹이 올라갔다가 내려오면서 소리를 내요.
올라갔다가 내려오는 것을 5번 반복하고,
출발 자리에 멈추면 좋겠어요.

이렇게 작동해요.

작동 알고리즘

1. 컬러 센서에 출발 티켓을 올리면 시작한다.
2. 바이킹이 오른쪽 위로 올라간다.
3. 바이킹이 내려오는 순간 소리를 낸다.
4. 바이킹이 왼쪽으로 내려갔다가 올라간다.
5. 바이킹이 내려오는 순간 소리를 낸다.
6. 바이킹이 오른쪽으로 내려갔다가 올라간다.
7. 내려갔다가 올라가는 것을 5번 반복한다.
8. 바이킹이 내려오는 순간 소리를 낸다.
9. 바이킹이 왼쪽으로 내려온다.
10. 멈춘다.

이렇게 프로그래밍해요.

5. 도전해요.

 티켓 색에 따라 바이킹 속도가 다르면 좋겠어요.

 바이킹이 움직이는 동안 빛이 반짝이면 좋겠어요.

알고리즘	프로그래밍 + 디버깅

[작동 알고리즘]에 추가
1-1 모터 속도를 (40)%로 설정한다.

[작동 알고리즘]을 복사 후 변경
1 B 컬러 센서에 파란색 신호가 들어온다.
1-1 모터 속도를 (80)%로 설정한다.

위 [작동 알고리즘]에 추가
1-2 메시지 1에 신호를 보낸다.
10 모두 멈춘다.

추가 [라이트 알고리즘]
1 메시지 1 신호를 받았을 때 시작한다.
2 허브의 가운데 라이트를 빨간색으로 켜진다.
3 0.1초 기다린다.
4 허브의 가운데 라이트를 초록색으로 켜진다.
5 0.1초 기다린다.
6 빛의 반짝임(2~5)을 무한 반복한다.

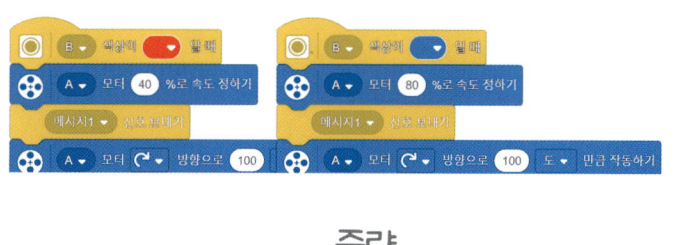

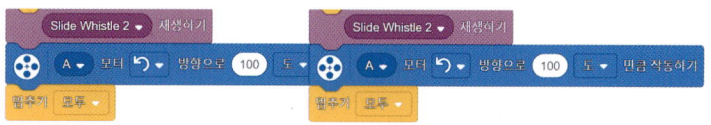

중략

1단원. 놀이동산

1-3 자이로드롭

 1. 이야기 속으로 들어가요.

자이로드롭은 놀이동산에서 가장 무섭기로 유명합니다. 원 모양으로 둥글게 놓은 의자를 탑의 꼭대기까지 끌어올려서, 아래로 떨어뜨리는 방식으로 작동해요. 무거운 놀이기구를 모터로 끌어올려서 높은 곳으로 옮겨두어 중력으로 땅에 떨어지는 원리를 이용합니다.

의자에 앉아 있지만 발이 바닥에 닿지 않아서 약간 무섭게 느껴지기도 하죠. 놀이기구가 가장 높은 곳에 도착하여 중력에 의해 빠르게 바닥까지 내려오면서 몸이 떨어지는 스릴을 느끼게 해준답니다. 땅으로 떨어지는 경험은 평소에는 해볼 수 없는데, 이러한 놀이기구를 통해 체험해 볼 수 있어요.

이런 경험을 통해 새로운 움직임을 몸으로 배울 수도 있지요. 몸으로 느껴본 경험을 직접 놀이기구로 만들어 표현해 볼까요?

2. 만들어 보아요.

무엇을 만드나요?

로봇이 제대로 동작하지 않을 경우 로봇의 기둥과 플레이트의 결합부를 손으로 눌러주세요!

작동 영상

이렇게 만들어요.

1

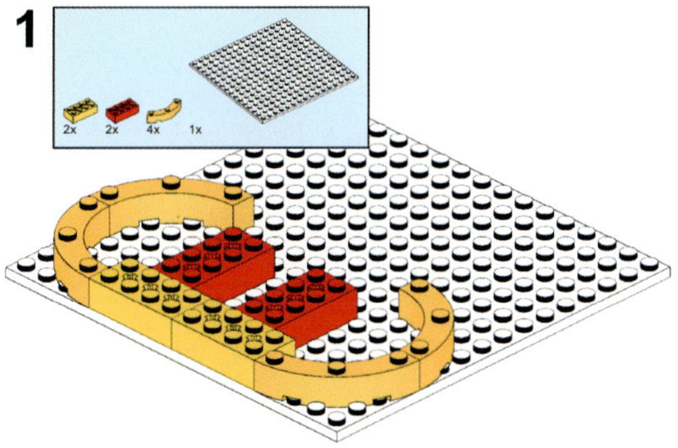

2

3

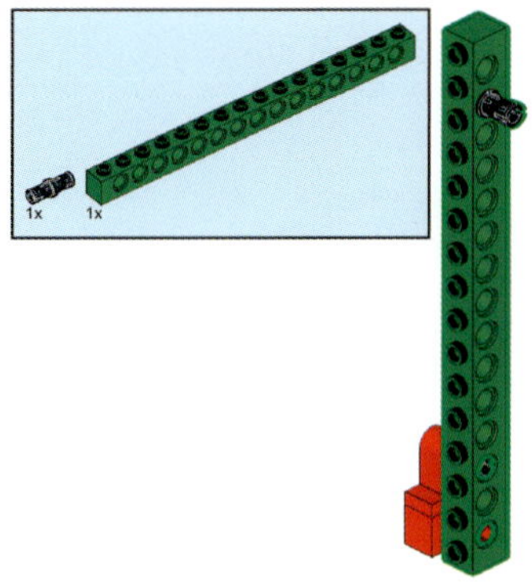

4

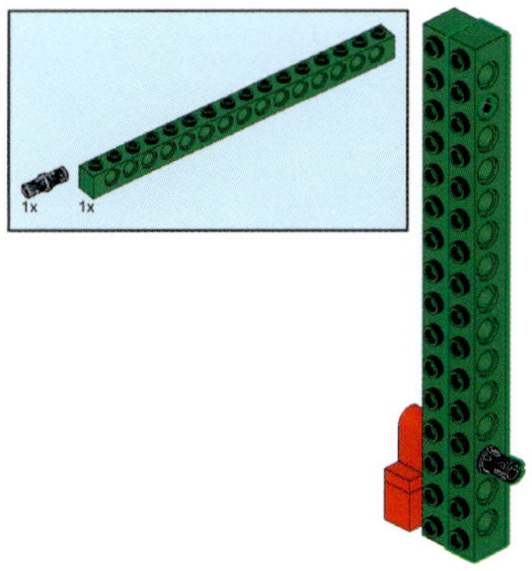

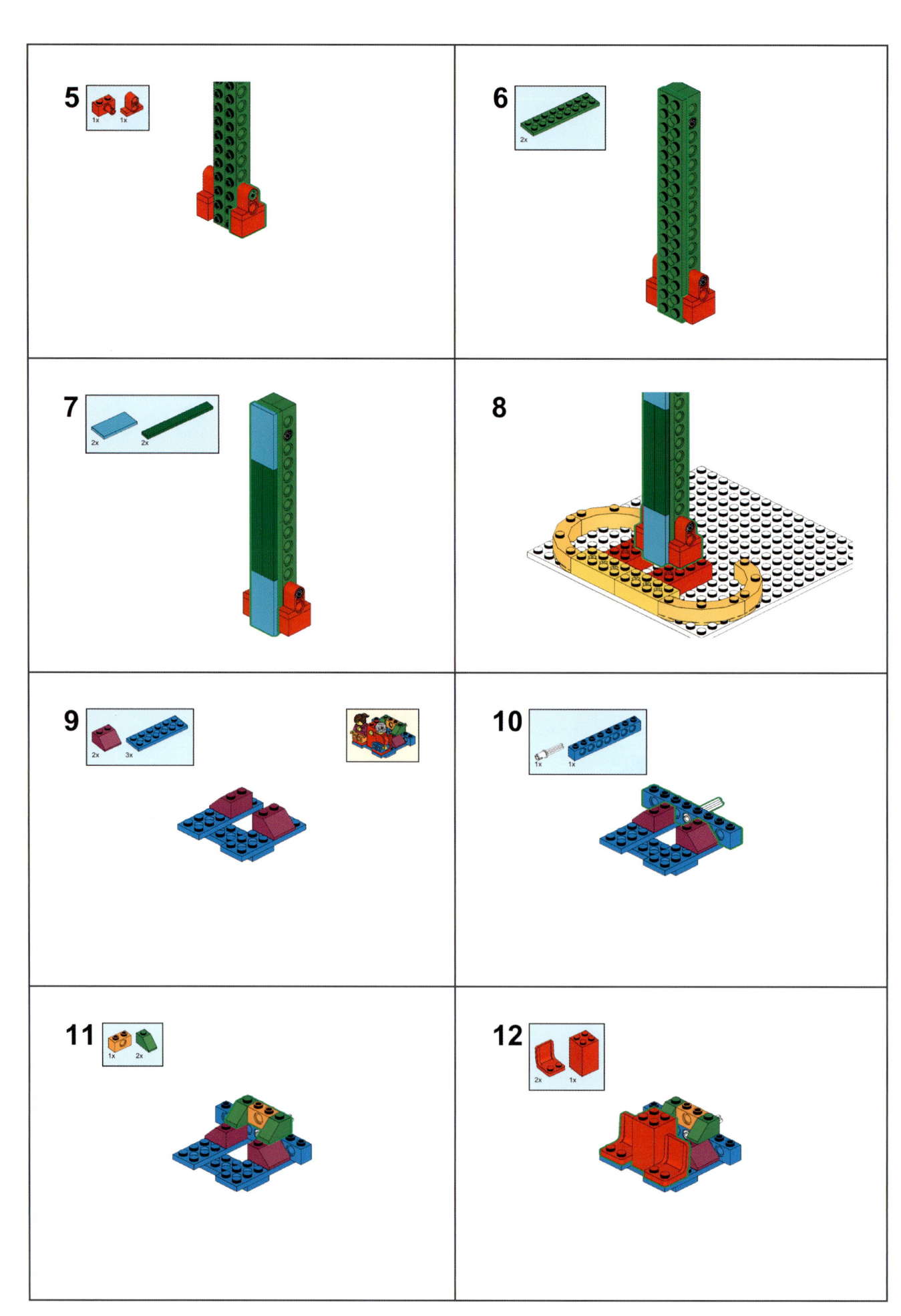

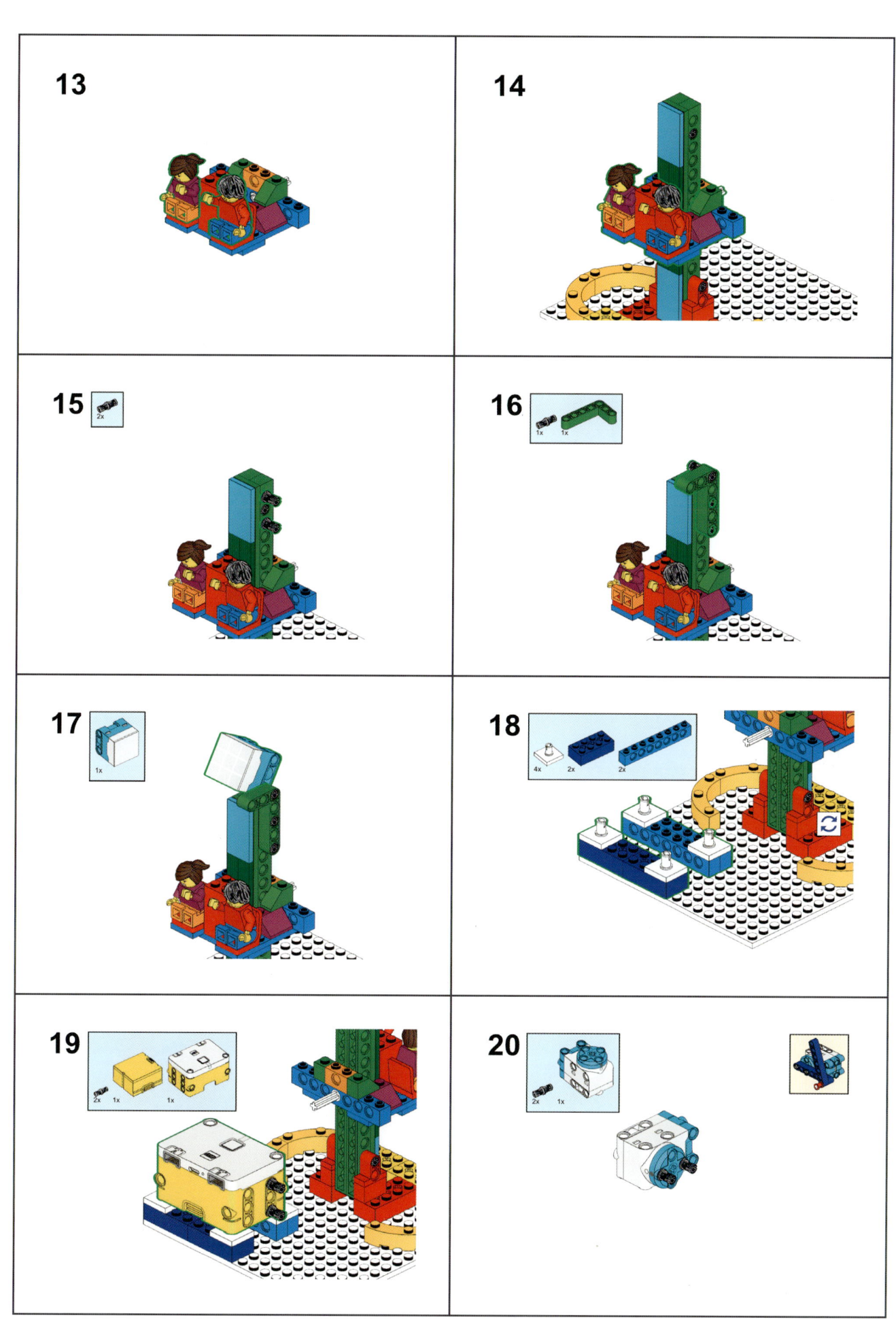

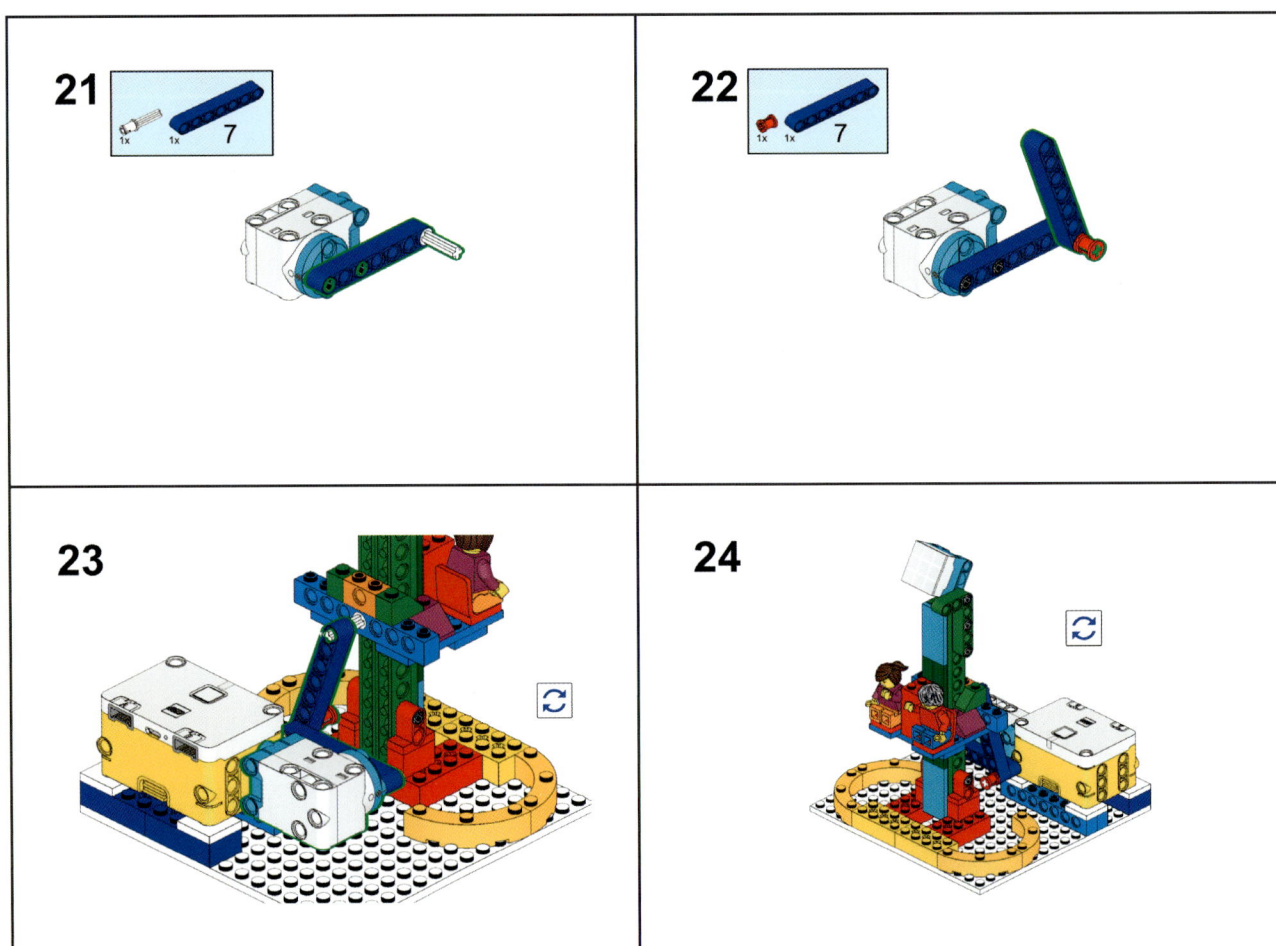

어떻게 움직일까요?

놀이기구가 꼭대기까지 천천히 올라가면 좋겠어요.

놀이기구가 바닥으로 빠르게 내려오면 좋겠어요.

출발 전에는 초록색, 출발하면서 빨간색으로 경고해 주면 좋겠어요.

3. 프로그래밍 해요.

❶ **이벤트** 시작한다.
❷ **모터** A 모터의 속도를 25%로 설정한다.
❸ **모터** A 모터를 시계 반대 방향으로 0.2회전 작동시킨다.
❹ **모터** A 모터를 정지시킨다.

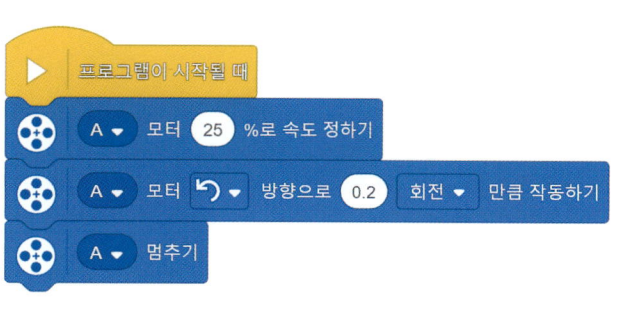

❶ **이벤트** 시작한다.
❷ **모터** A 모터의 속도를 100%로 설정한다.
❸ **모터** A 모터를 시계 방향으로 0.2회전 작동시킨다.
❹ **모터** A 모터를 정지시킨다.

❶ **이벤트** 시작한다.
❷ **라이트** B 라이트의 색상을 초록색으로 바꾸고 3초 동안 켠다.
❸ **라이트** B 라이트의 색상을 빨간색으로 바꾼다.
❹ **모터** A 모터를 시계 반대 방향으로 0.2회전 작동시킨다.
❺ **모터** A 모터를 시계 방향으로 0.2회전 작동시킨다.
❻ **모터** A 모터를 정지시킨다.

4. 문제를 해결해요.

놀이기구에 사람들이 타는 동안 초록색이 켜져요.
놀이기구가 동작할 때 빨간색이 켜지고 놀이기구가
천천히 꼭대기까지 올라가서 멈춰요.
꼭대기에서 아주 빠르게 바닥까지 내려와서 멈춰요.

이렇게 작동해요.

작동 알고리즘

1. 시작한다.
2. 탑승하는 동안 라이트 매트릭스가 초록색으로 켜진다.
3. 놀이기구가 동작하는 동안 라이트 매트릭스가 빨간색으로 켜진다.
4. 놀이기구가 천천히 올라가도록 속도를 설정한다.
5. 놀이기구가 올라간다.
6. 최고점에서 모터가 멈춘다.
7. 놀이기구가 빠르게 내려가도록 속도를 설정한다.
8. 놀이기구가 내려간다.
9. 모터가 멈춘다.

이렇게 프로그래밍해요.

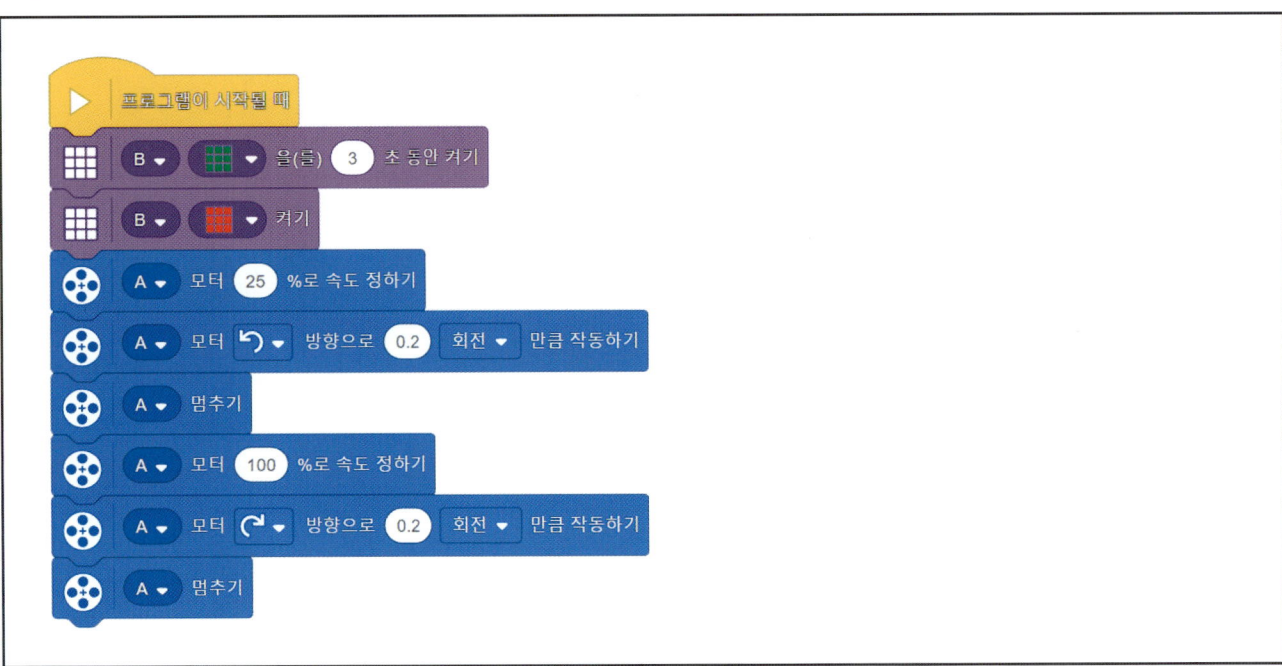

5. 도전해요.

 최고점에서 떨어지기 전에 카운트 다운(3초)을 하면 좋겠어요.

 아래로 내려갈 때, 소리가 나면 좋겠어요.

알고리즘	프로그래밍 + 디버깅
[작동 알고리즘]에 추가 **6-1** 1초 동안 LED가 노란색으로 모두 켜진다. **6-2** 1초 동안 LED가 노란색 아래 두 줄이 1초 동안 켜진다. **6-3** 1초 동안 LED가 노란색 아래 한 줄이 켜진다. **6-4** LED가 빨간색으로 모두 켜진다.	
위 [작동 알고리즘]에 추가 **6-5** 'Car Vroom' 재생한다.	# 기본은 위 프로그램과 같음 +

1단원. 놀이동산

1-4 회전목마

1. 이야기 속으로 들어가요.

　회전목마는 어두워지는 저녁 시간에 놀이동산에서 인기가 많은 놀이기구 중 하나입니다. 이 놀이기구는 큰 원판 위에 목마와 마차 등 다양한 탈 것이 있어요. 출발하면 큰 원판이 돌아가고, 사람이 올라탄 기구가 위아래로 천천히 움직입니다. 천천히 움직이지만, 즐거운 추억을 만들어 준답니다.

　회전목마를 탈 때는 왕자와 공주가 된 듯이 행진하는 기분을 느낄 수 있어요. 회전목마도 친구와 가족이 함께 타면 즐거운 시간을 보낼 수 있는 놀이기구입니다.

　회전목마를 타며 몸으로 직접 느끼는 경험을 통해 움직임의 특징을 생각해 볼 수도 있지요. 몸으로 느껴본 경험을 직접 놀이기구로 만들어 표현해 볼까요?

무엇을 만드나요?

작동 영상

이렇게 만들어요.

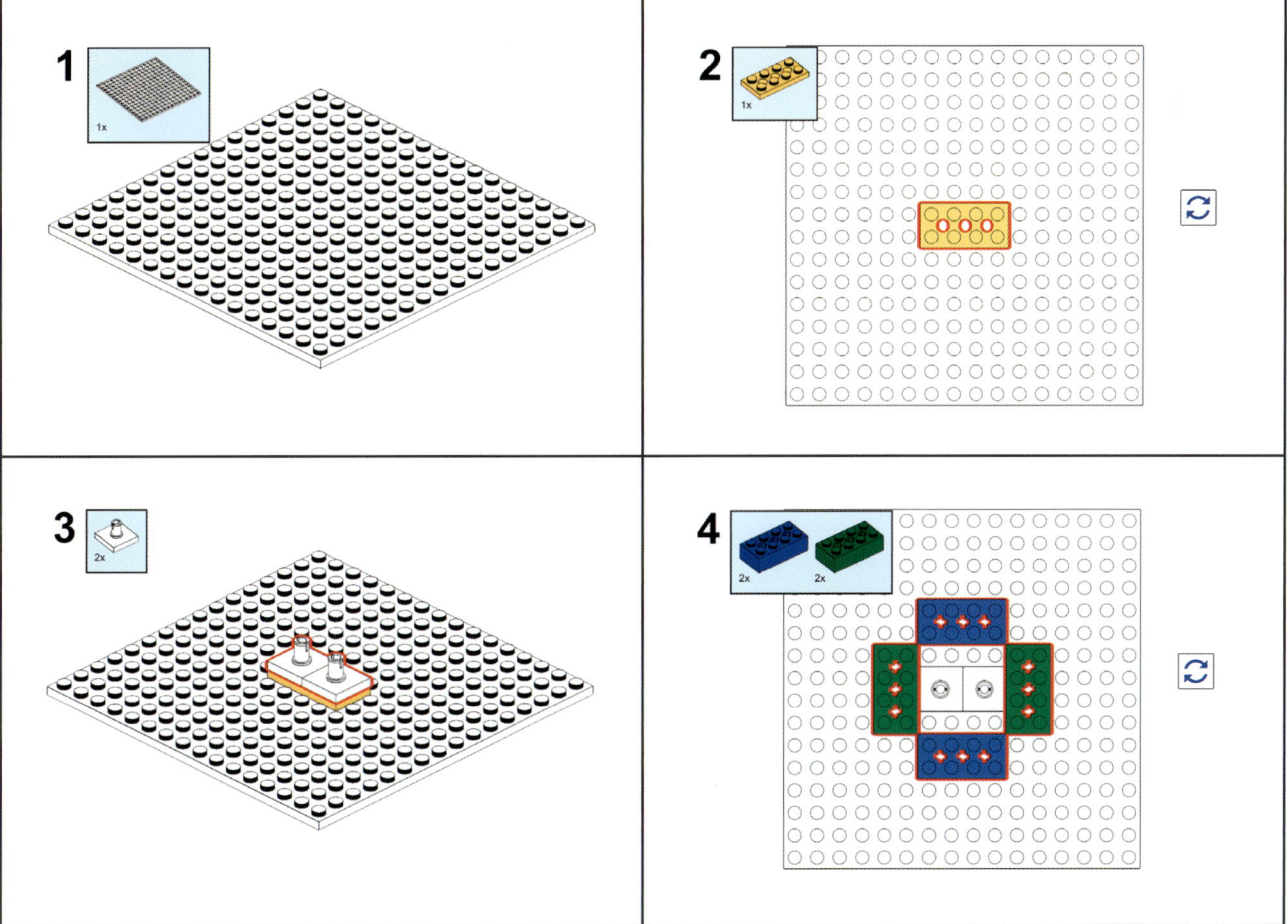

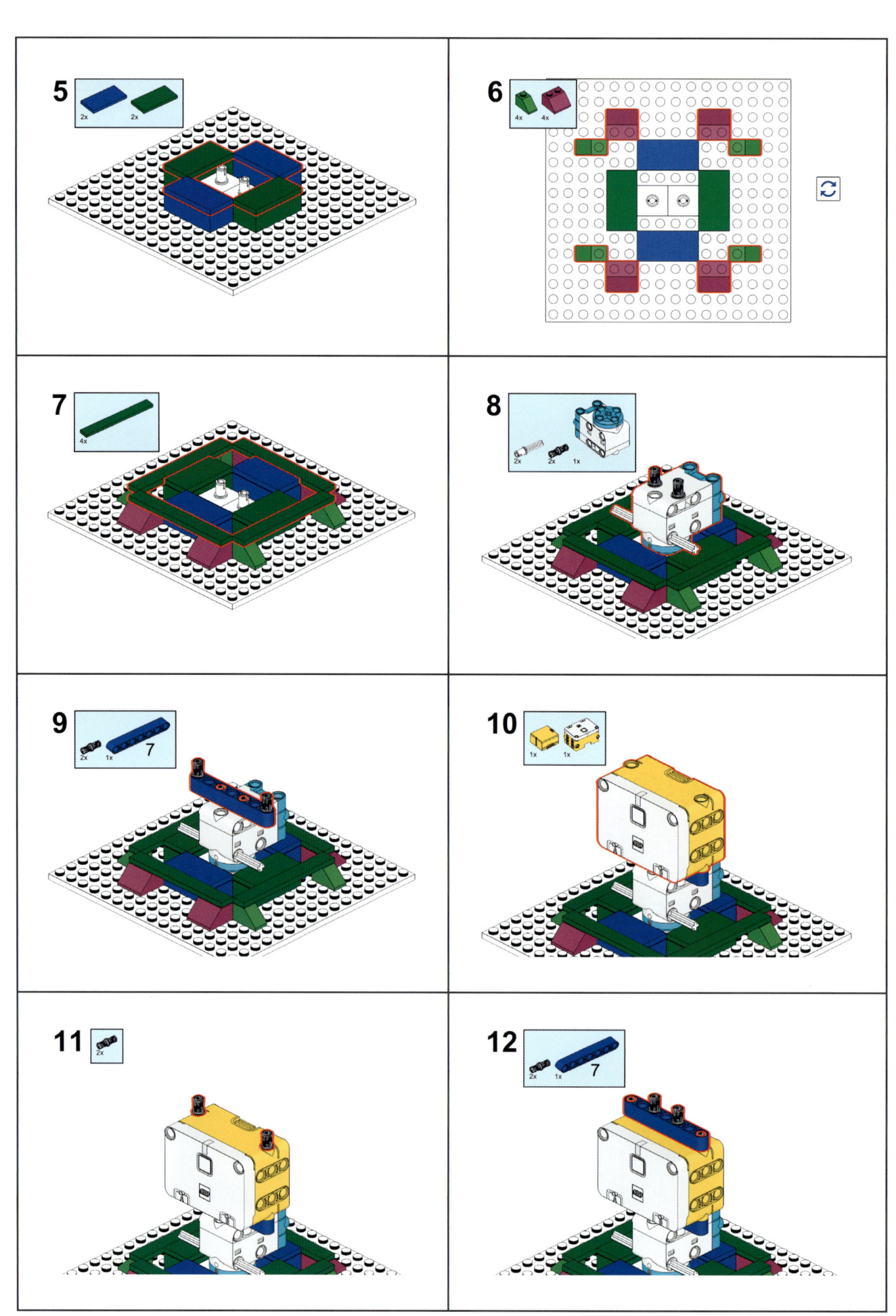

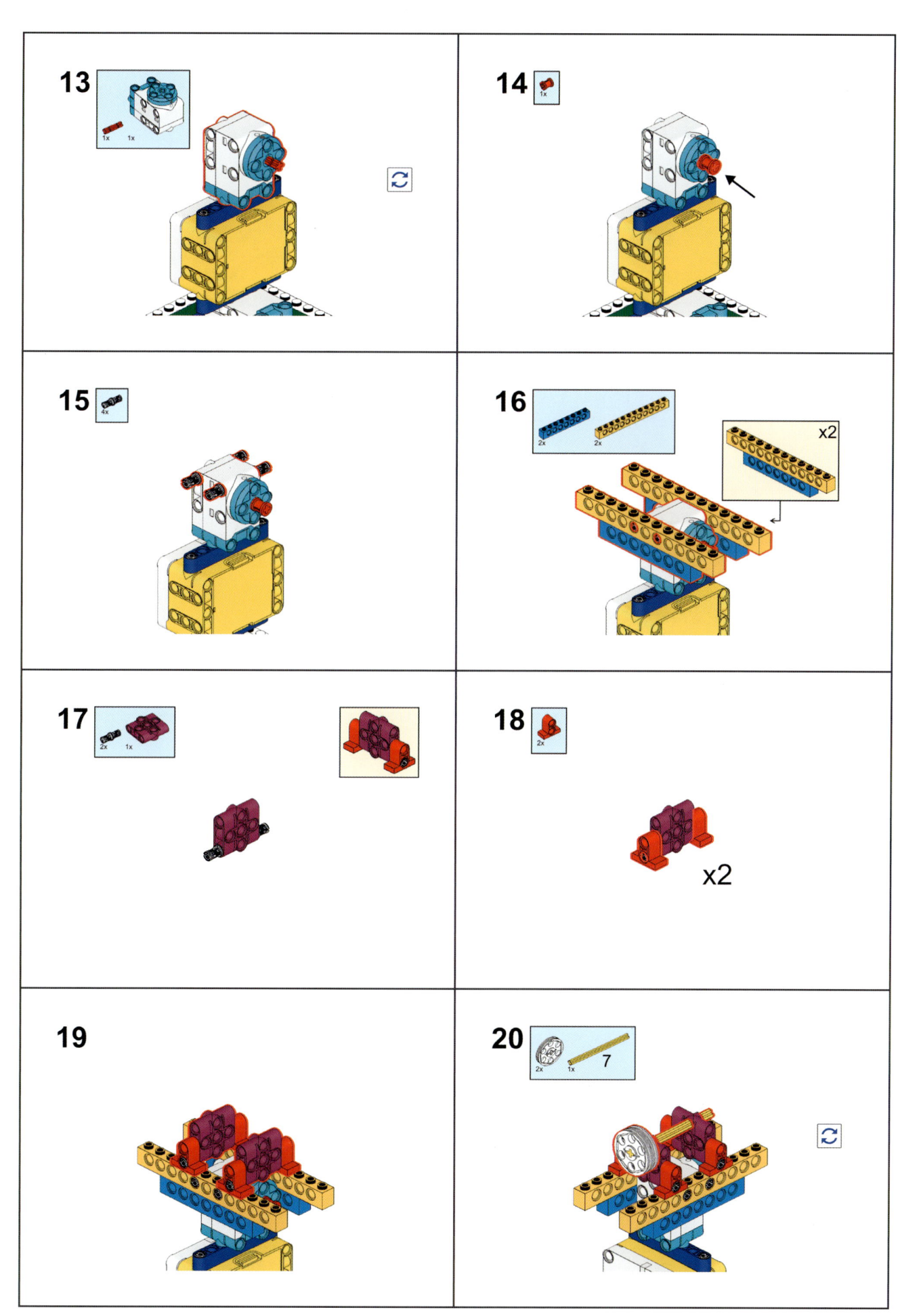

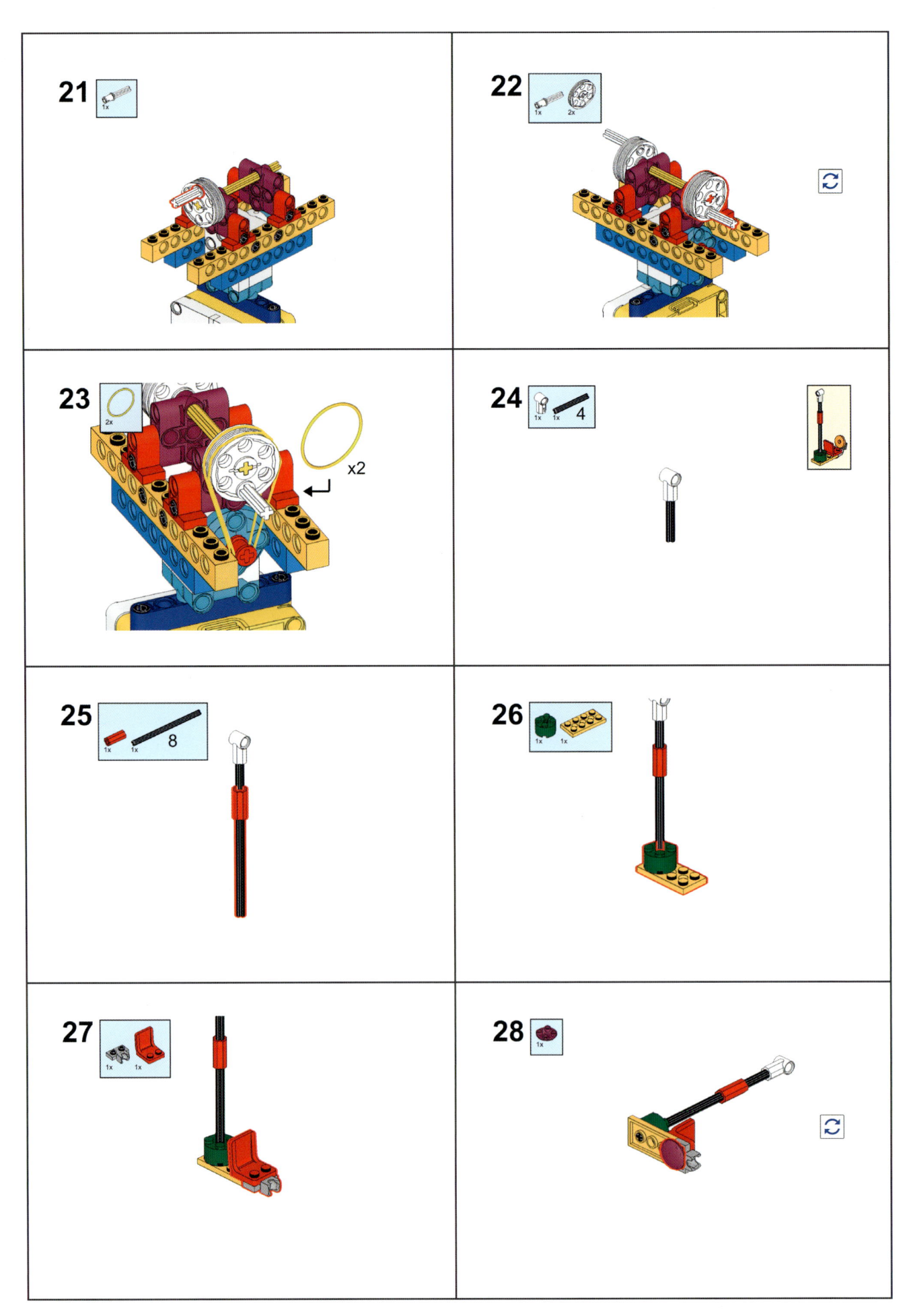

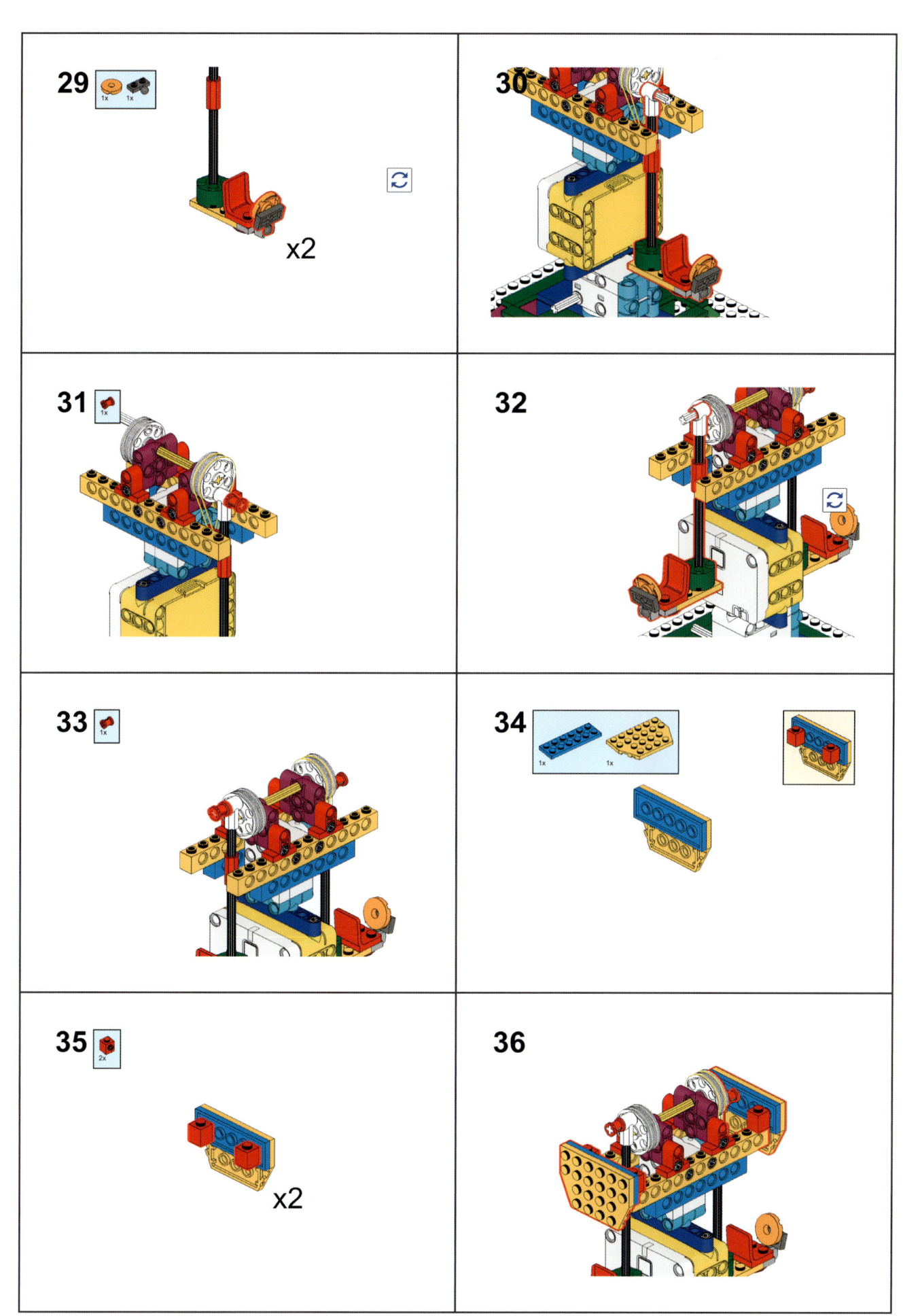

37

38

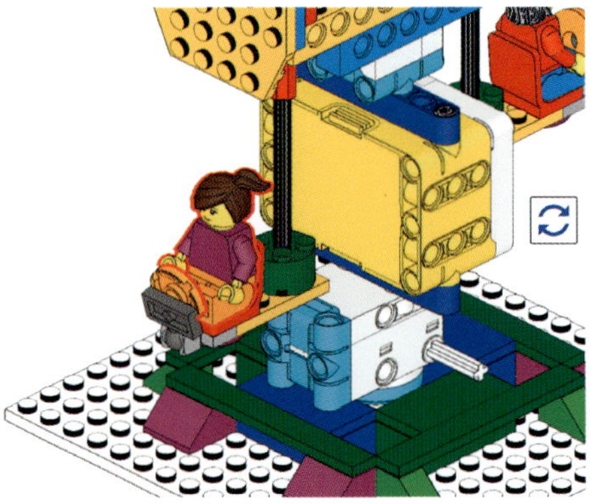

39

📷 어떻게 움직일까요?

사람이 위아래로 반복해서 움직이면 좋겠어요.

놀이기구가 빙글빙글 회전하면 좋겠어요.

움직이는 동안 신나는 노래가 나오면 좋겠어요.

3. 프로그래밍 해요.

1. **이벤트** 시작한다.
2. **모터** A 모터의 속도를 100%로 정한다.
3. **모터** A 모터를 시계 방향으로 동작시킨다.
4. **제어** 5초 기다린다.
5. **모터** A 모터를 정지시킨다.

1. **이벤트** 시작한다.
2. **모터** B 모터의 속도를 10%로 정한다.
3. **모터** B 모터를 시계 반대 방향으로 동작시킨다.
4. **제어** 5초 기다린다.
5. **모터** B 모터를 정지시킨다.

1. **이벤트** 시작한다.
2. **모터** B 모터의 속도를 10%로 정한다.
3. **모터** B 모터를 시계 반대 방향으로 동작시킨다.
4. **사운드** 사운드(Medieval Music)를 끝까지 재생한다.
5. **모터** B 모터를 정지시킨다.

4. 문제를 해결해요.

> 프로그램이 시작하면,
> 놀이기구가 위아래로 움직이면서 둥글게 돌아가요.
> 출발하면서 동시에 음악이 시작돼요.
> 음악이 끝나면, 멈추면 좋겠어요.

이렇게 작동해요.

작동 알고리즘

1. 시작한다.
2. 사람이 위아래 움직이는 속도를 설정한다.
3. 놀이기구가 회전하는 속도를 설정한다.
4. 사람이 위아래로 움직이도록 모터를 작동시킨다.
5. 놀이기구가 회전하도록 모터를 작동시킨다.
6. 음악('Medieval Music')을 끝까지 재생한다.
7. 놀이기구가 멈춘다.

이렇게 프로그래밍해요.

5. 도전해요.

 회전목마를 툭툭 두드리면 출발했으면 좋겠어요.

 회전목마가 움직이는 동안 빛이 반짝이면 좋겠어요.

알고리즘	프로그래밍 + 디버깅
[작동 알고리즘]에서 변경 ① 허브를 두드리면 시작한다.	
위 [작동 알고리즘] **추가** [라이트 알고리즘] ① 허브를 두드리면 시작한다. ② 가운데 버튼 라이트를 빨간색으로 바꾼다. ③ 1초 동안 기다린다. ④ 가운데 버튼 라이트를 노란색으로 바꾼다. ⑤ 1초 동안 기다린다. ⑥ 가운데 버튼 라이트를 초록색으로 바꾼다. ⑦ 1초 동안 기다린다. ⑧ 반짝이는 조명(2~7)을 무한 반복한다.	

2단원. 스마트 모빌리티

2-1 강아지와 놀아요.

 **1. 이야기 속으로 들어가요.**

　반려동물을 키우는 가정이 많아지고 있어요. 일본에서는 '아이보[1]'라고 하는 로봇 강아지가 있는데, 혼자 지내는 외로운 어르신들이 반려동물을 키우기 어려운 상황에서 로봇 강아지는 큰 도움이 되었다고 해요.

　로봇 강아지와 할 수 있는 일은 무엇이 있을까요? 이야기 속 '루루'가 한 말처럼 여러 가지 동작을 하도록 할 수 있어요. 로봇 강아지에게 먹이를 주거나, 등을 만져주거나, 앉도록 엉덩이를 누르면 앉는 동작을 하도록 할 수 있지요.
　또, 음악에 맞추어 춤을 추게 할 수도 있어요.

　다양한 동작이 가능하겠죠? 더 나아가서 로봇 강아지에 인공지능 기능을 더한다면, 내 목소리에 따라 움직임도 학습시켜 볼 수 있답니다.

---

[1] 아이보 사진 출처 - https://en.wikipedia.org/wiki/AIBO

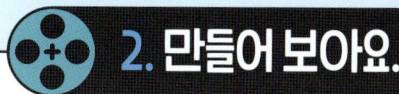 **2. 만들어 보아요.**

무엇을 만드나요?

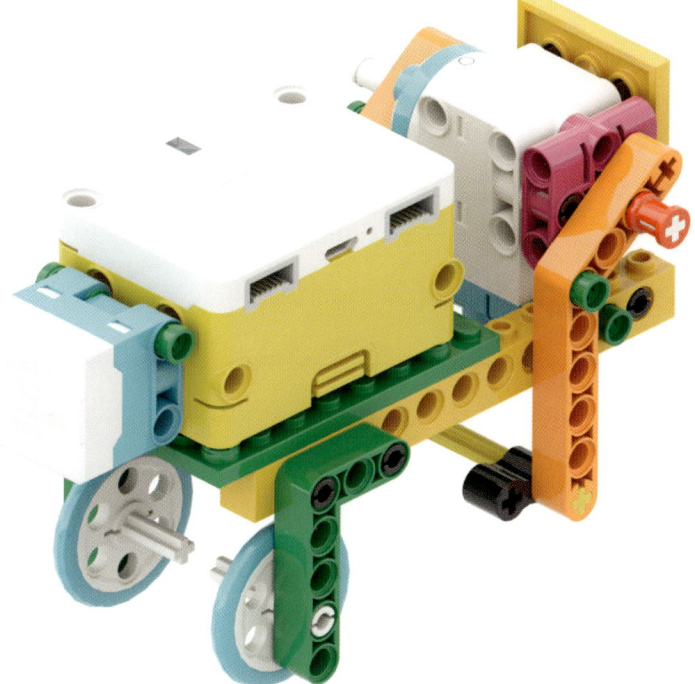

작동 영상

이렇게 만들어요.

1
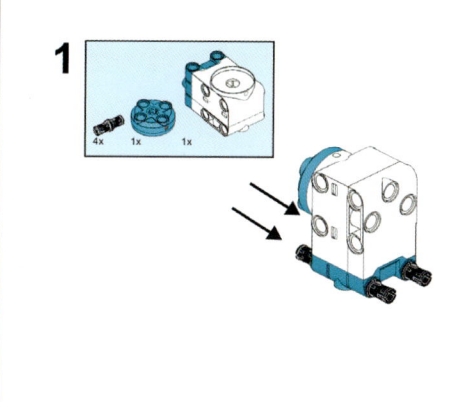

2
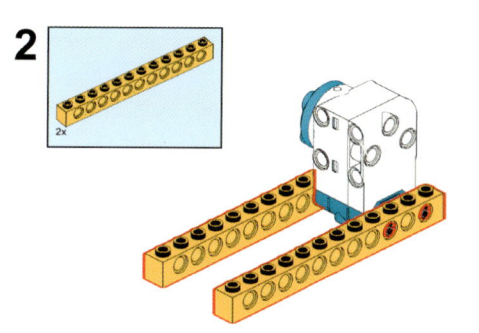

3
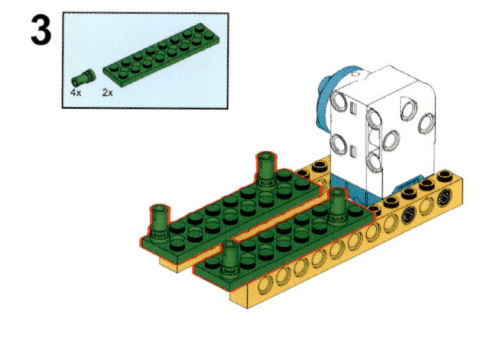

4
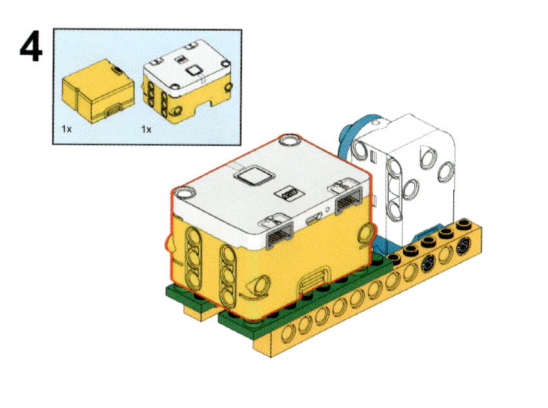

45

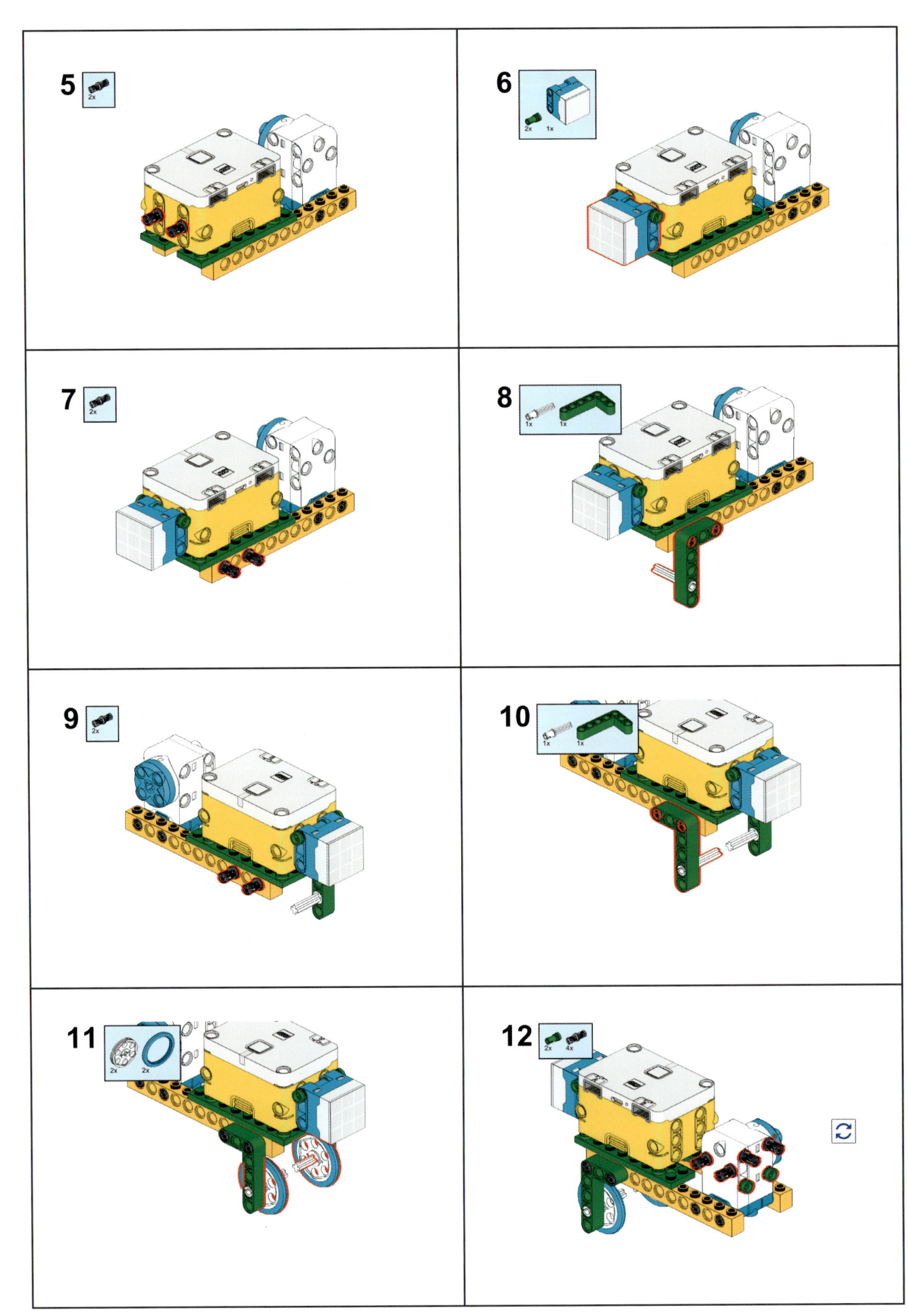

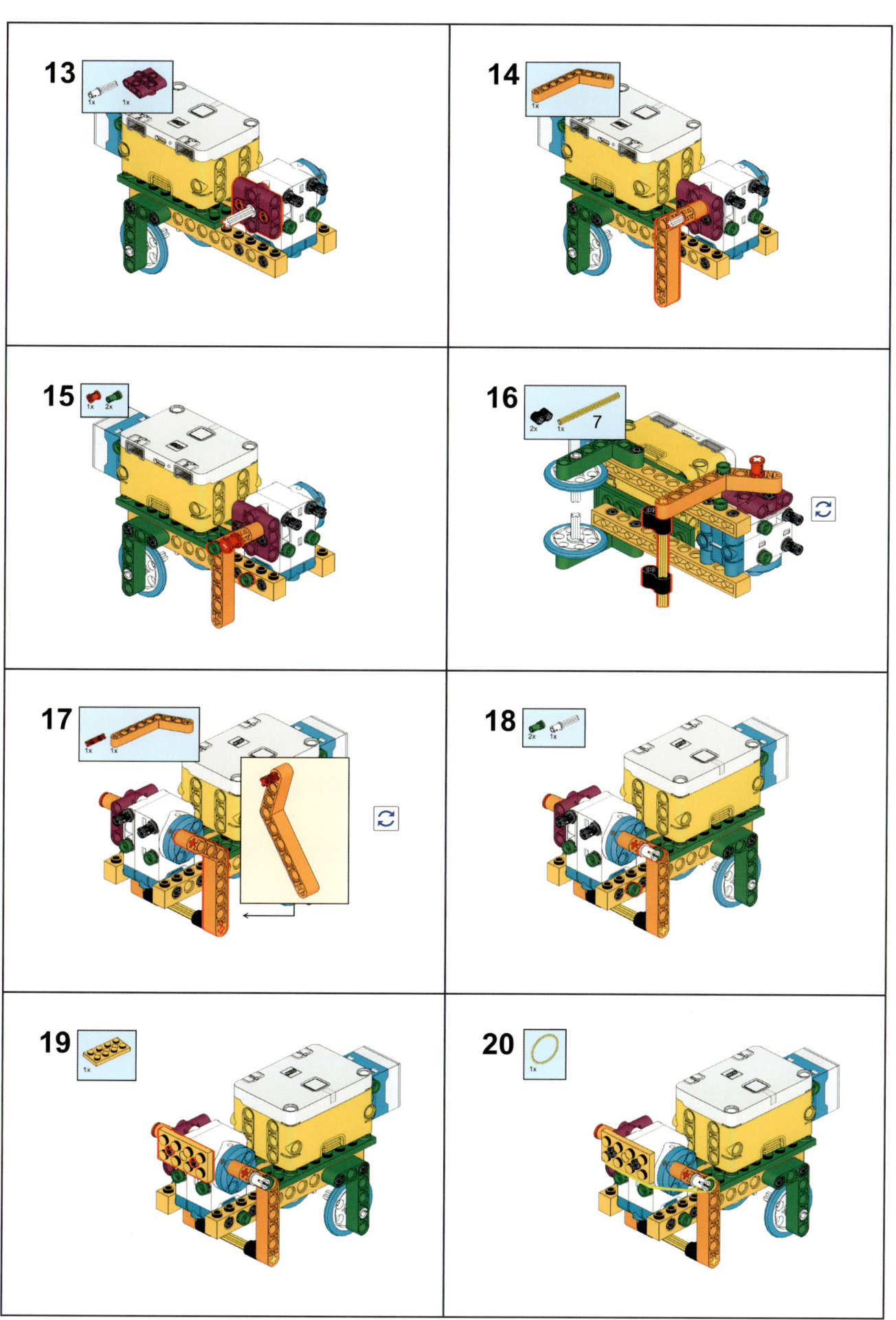

21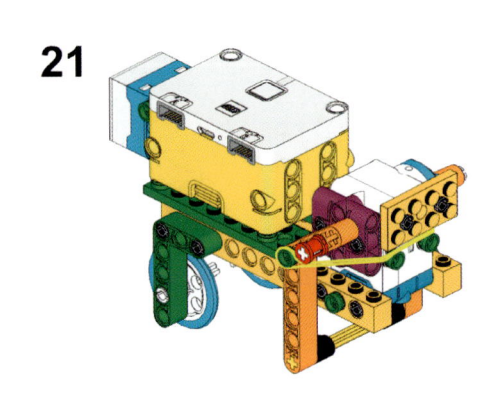

22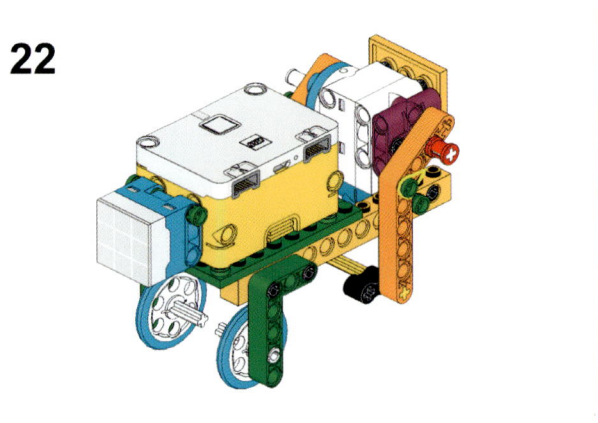

📷 어떻게 움직일까요?

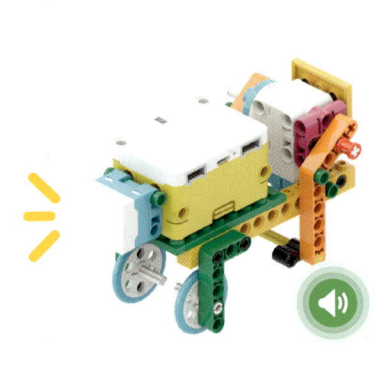

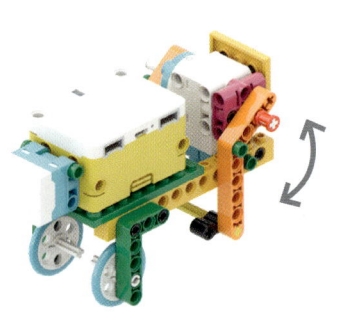

멍멍 소리를 내면 좋겠어요.

얼굴이 바뀌면 좋겠어요.

앉았다가 일어나면 좋겠어요.

3. 프로그래밍 해요.

① **이벤트** 시작한다.
② **사운드** 사운드 'Dog Whining 1'을 끝까지 재생한다.

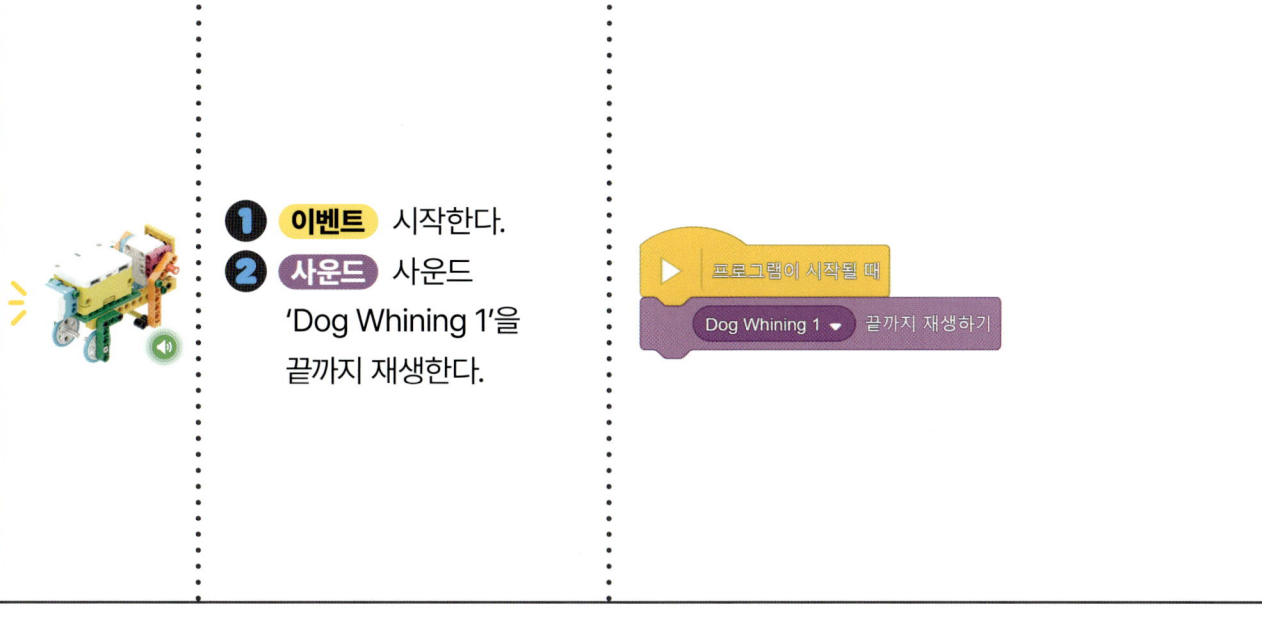

① **이벤트** 시작한다.
② **라이트** B 라이트 매트릭스를 이용해서 ⬛ 모양을 만든다.
③ **제어** 1초 기다린다.
④ **라이트** B 라이트 매트릭스를 이용해서 ⬛ 모양을 만든다.

① **이벤트** 시작한다.
② **모터** A 모터의 속도를 50%로 설정한다.
③ **모터** A 모터가 시계 반대 방향으로 0.5회전 작동시킨다.
④ **제어** 1초 기다린다.
⑤ **모터** A 모터가 시계 방향으로 0.5회전 작동시킨다.

49

4. 문제를 해결해요.

시작하면, 강아지가 눈을 떠요.
그리고 바닥에 앉으면서 아래로 쳐다보며 멍멍 소리를 내요.
그리고 다시 일어나서 앞을 보면 좋겠어요.

이렇게 작동해요.

작동 알고리즘

1. 시작한다.
2. 강아지 얼굴에서 초록색 눈을 뜬다.
3. 강아지 엉덩이가 아래로 내려간다. (모터가 시계 반대 방향으로 0.5회전)
4. 강아지 얼굴에서 초록색 눈을 아래로 내린다.
5. 강아지가 "멍멍"(Dog Whining 1) 소리를 끝까지 낸다.
6. 강아지 엉덩이가 위로 올라간다. (모터가 시계 방향으로 0.5회전)

이렇게 프로그래밍해요.

```
▶ 프로그램이 시작될 때
[A] [🟩] 켜기
[B] 모터 50 %로 속도 정하기
[B] 모터 ↺ 방향으로 0.5 회전 만큼 작동하기
[A] [🟩] 켜기
Dog Whining 1 끝까지 재생하기
1 초 기다리기
[B] 모터 ↻ 방향으로 0.5 회전 만큼 작동하기
[A] [🟩] 켜기
```

5. 도전해요.

 강아지의 얼굴을 아래로 누르면, 멍멍 소리내며 눈을 아래로 내려요.

 강아지 엉덩이를 아래로 누르면, 멍멍 소리내며 바닥에 앉아요. 그리고 다시 일어나요.

알고리즘	프로그래밍 + 디버깅
[시작 알고리즘] ❶ 시작한다. ❷ 강아지 얼굴에서 초록색 눈을 뜬다. [행동 알고리즘] ❶ 강아지 머리를 누르면 시작된다. ❷ 강아지가 소리를 낸다. ❸ 강아지 얼굴의 초록색 눈이 아래로 내려간다. ❹ 눈의 움직임을 2번 반복한다.	
위 [시작 알고리즘] **추가** [행동 알고리즘] ❶ 강아지 엉덩이를 누르면 시작한다. ❷ 강아지가 소리를 낸다. ❸ 엉덩이가 아래로 내려간다. ❹ 1~5초 사이의 랜덤한 시간만큼 기다린다. ❺ 엉덩이가 위로 올라온다.	

2단원. 스마트 모빌리티

2-2 스마트 자전거

 **1. 이야기 속으로 들어가요.**

따뜻한 계절이 돌아오면 밖에서 여러 가지 놀이를 하며 즐겁게 보낼 수 있어요. 자전거를 타며 달리면 불어오는 바람에 기분도 좋아진답니다.

자동으로 가는 스마트 세발자전거[1]는 어린이 혼자서 아무 곳에서나 타는 건 위험해요. 꼭 보호자와 함께 해야 합니다. 그리고, 안전한 장소에서만 타야 해요.

똑똑한 세발자전거의 기능에는 어떤 것들이 필요할까요? 이야기 속 '루루'가 한 말처럼 굴리지 않아도 천천히 이동할 수 있어요. 또 앞에 장애물이 나타나면 자동으로 멈출 수도 있어요. 그리고 다양한 동작이 가능하겠죠?

탈 것으로 어딘가로 움직일 수 있다는 건 정말 신나는 일인 것 같아요. 함께 살펴본 내용으로 우리도 직접 스마트 자전거를 만들어 표현해 볼까요?

---

1) 사진 출처 - 생성형 AI

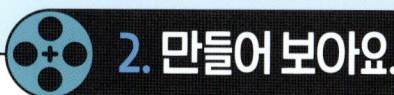

2. 만들어 보아요.

🎥 무엇을 만드나요?

작동 영상

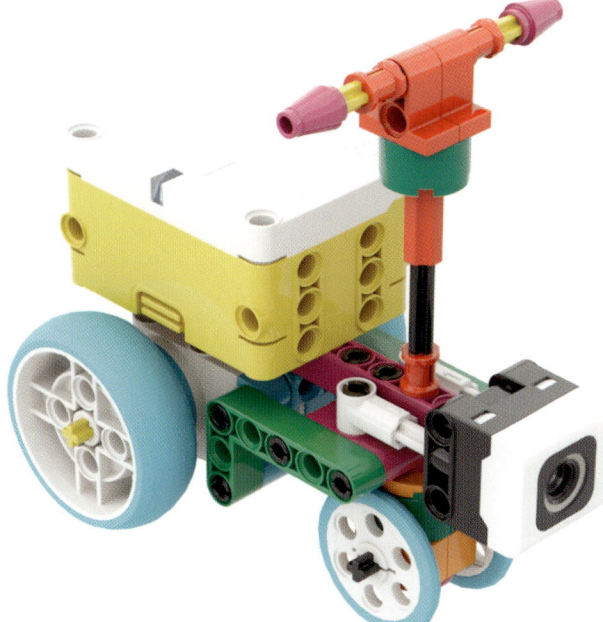

🎥 이렇게 만들어요.

1

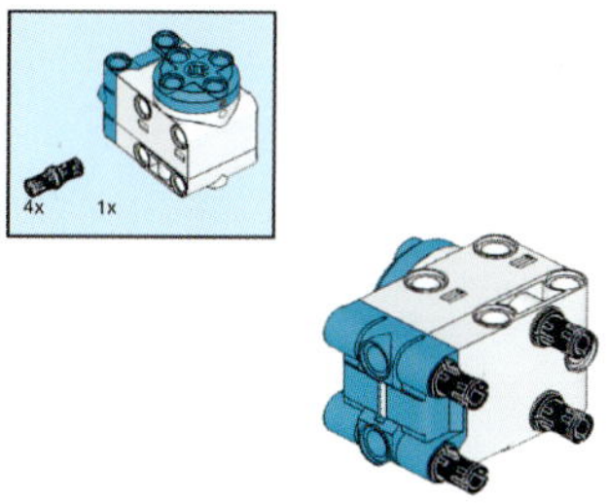

2

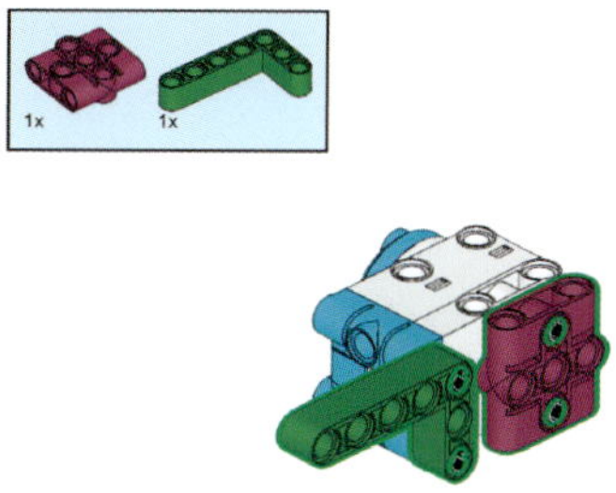

3

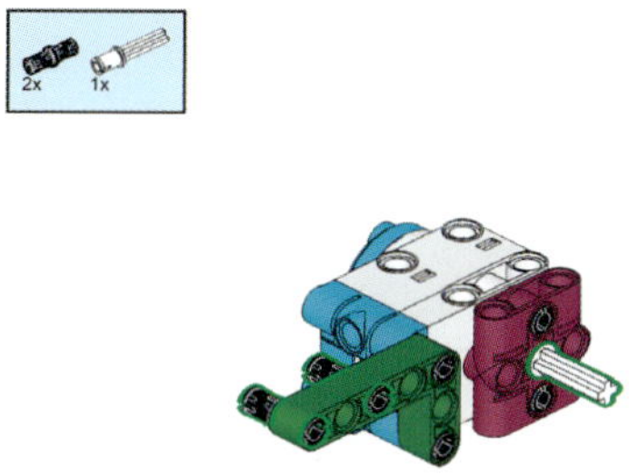

4

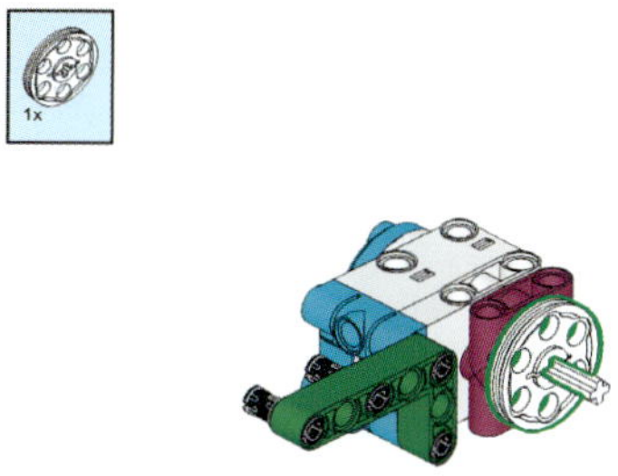

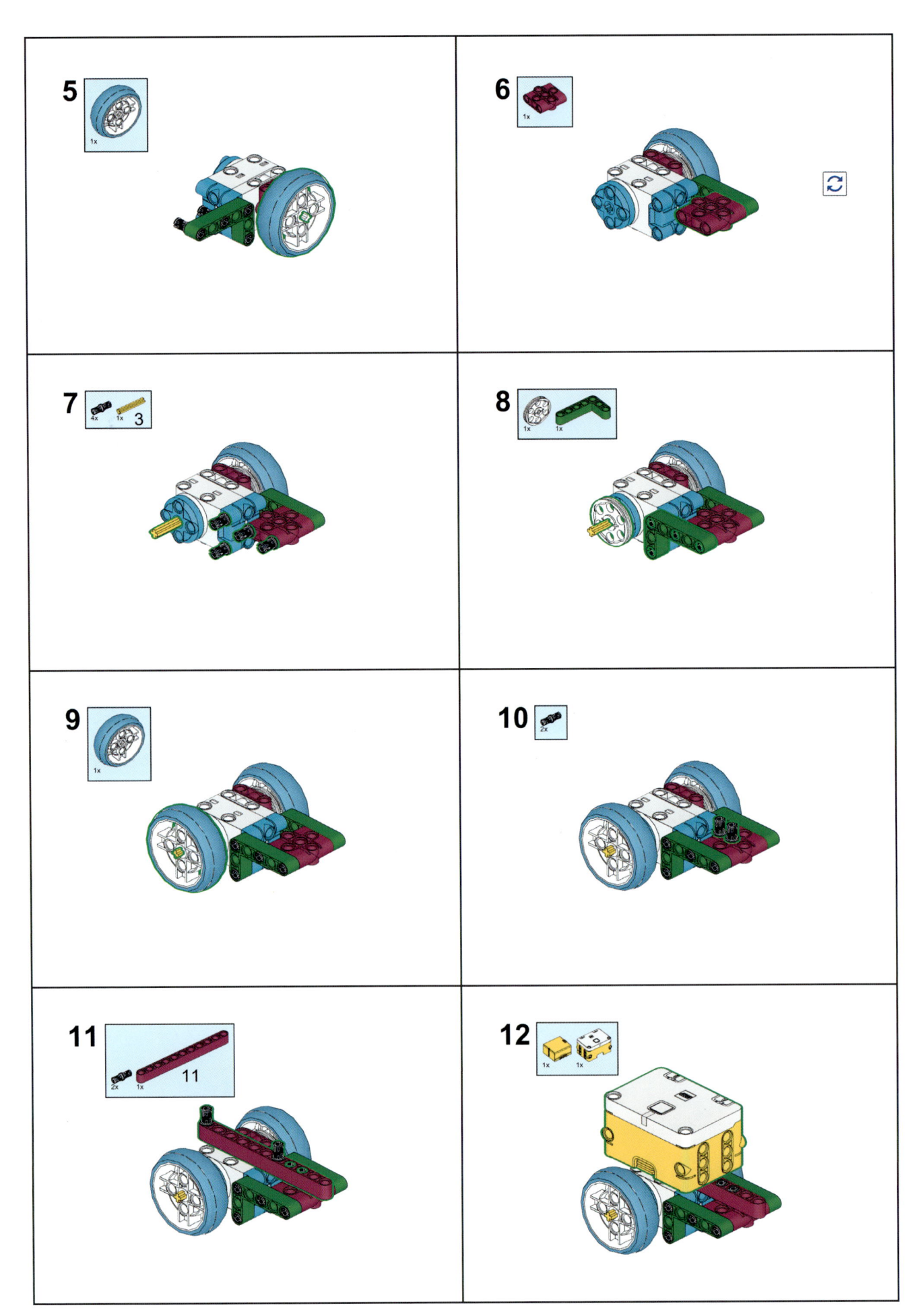

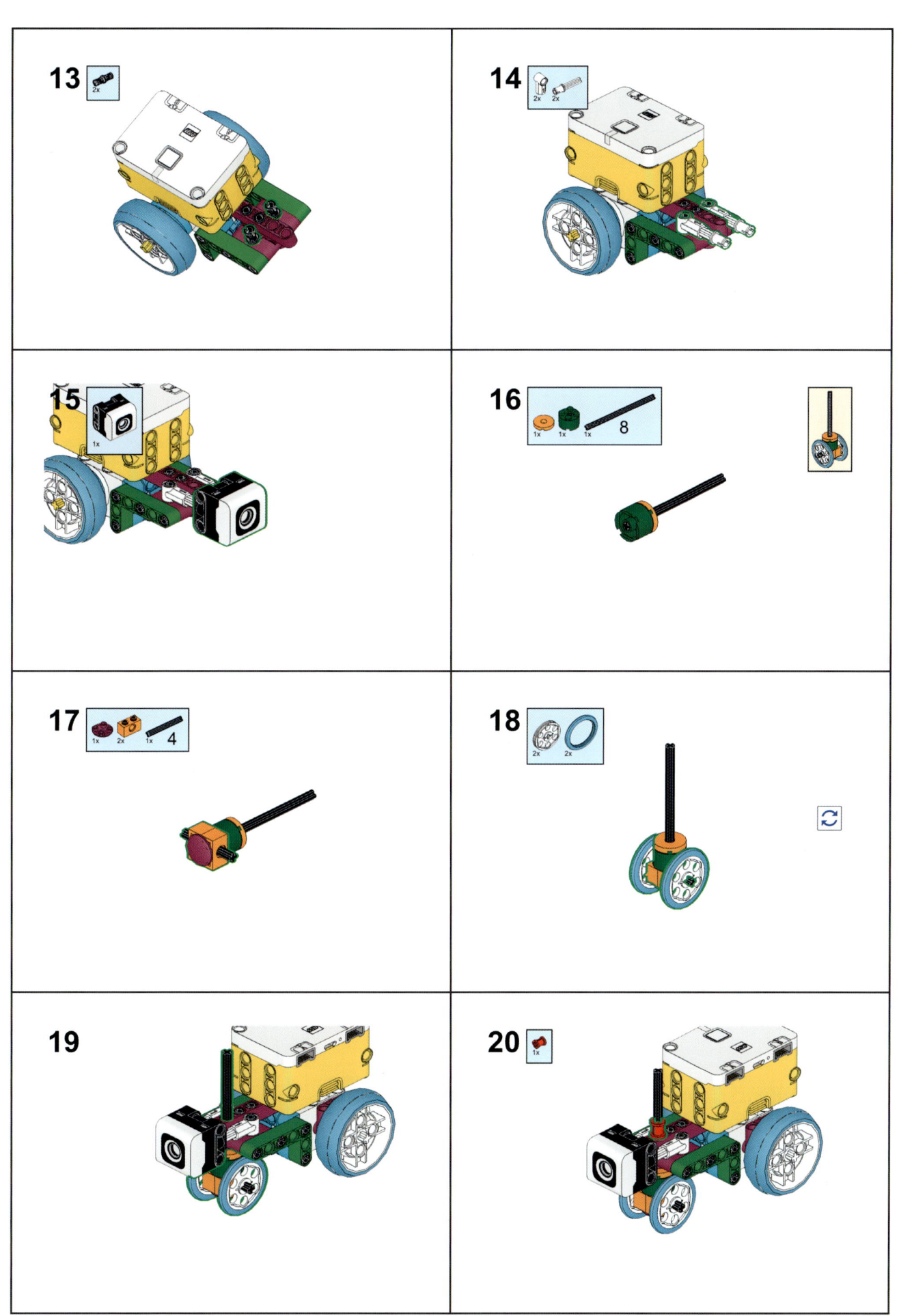

21

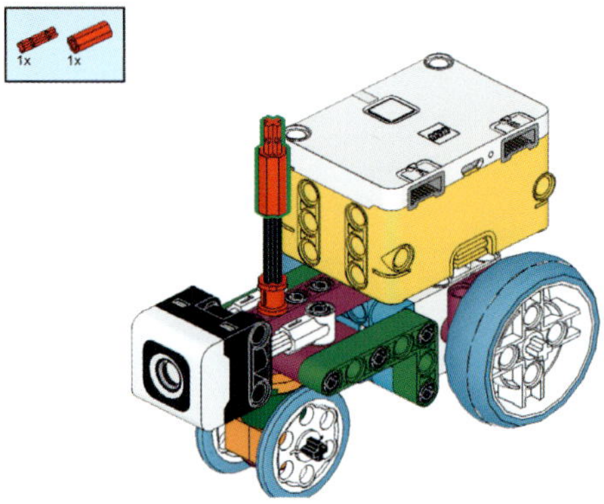
1x
1x

22

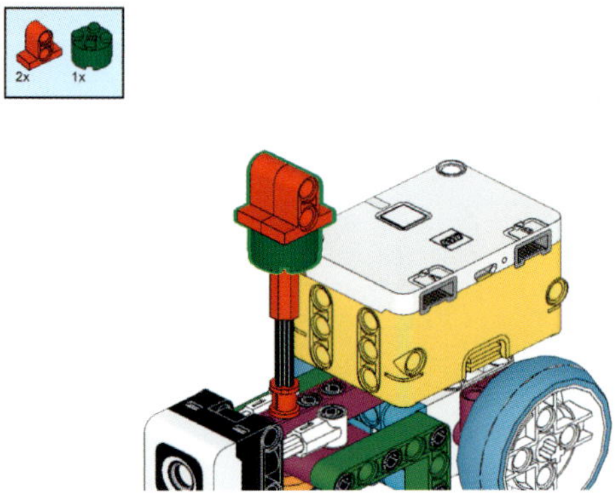
2x
1x

23

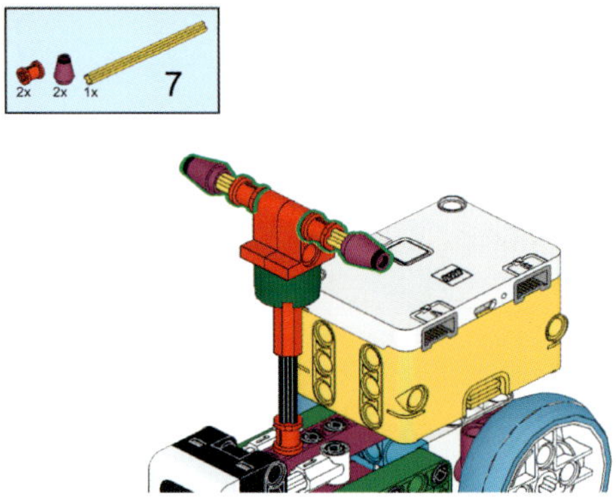
2x
2x
1x
7

24

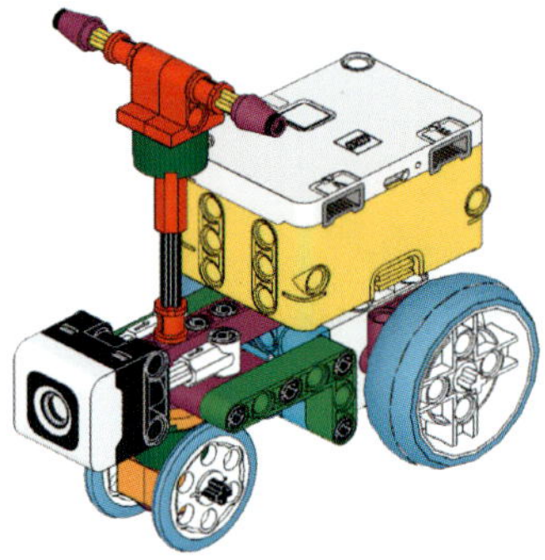

어떻게 움직일까요?

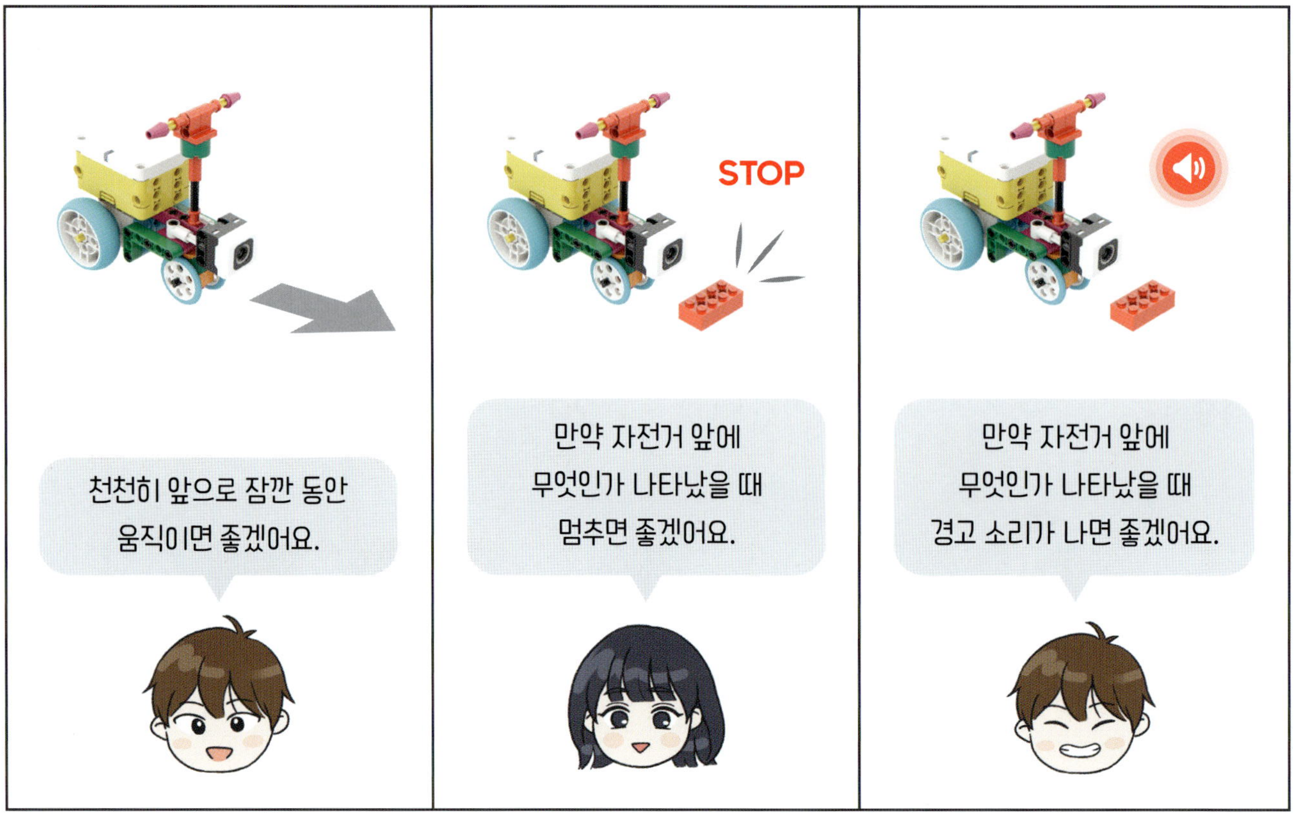
천천히 앞으로 잠깐 동안 움직이면 좋겠어요.
STOP
만약 자전거 앞에 무엇인가 나타났을 때 멈추면 좋겠어요.
만약 자전거 앞에 무엇인가 나타났을 때 경고 소리가 나면 좋겠어요.

3. 따라 해보세요.

❶ **이벤트** 시작한다.
❷ **모터** A 모터의 속도를 25%로 설정한다.
❸ **모터** A 모터를 시계 방향으로 작동시킨다.
❹ **제어** 3초 동안 기다린다.
❺ **모터** A 모터 정지한다.

❶ **이벤트** 시작한다.
❷ **모터** A 모터의 속도를 25%로 설정한다.
❸ **모터** A 모터를 시계 방향으로 작동시킨다.
❹ **제어** **센서** B 컬러 센서의 반사광이 10%보다 클 때까지 기다린다.
❺ **모터** A 모터 정지한다.

❶ **이벤트** 시작한다.
❷ **모터** A 모터의 속도를 25%로 설정한다.
❸ **모터** A 모터를 시계 방향으로 작동시킨다.
❹ **제어** **센서** B 컬러 센서의 반사광이 10%보다 클 때까지 기다린다.
❺ **사운드** 사운드 'Car Horn'을 재생한다.

4. 문제를 해결해요.

자전거가 출발하면, 천천히 앞으로 움직입니다.
자전거 앞에 물체가 나타나면, 경고 소리를 내며
자전거가 멈추면 좋겠어요.

이렇게 작동해요.

작동 알고리즘

1. 시작한다.
2. 자전거의 속도를 느리게 설정한다. (A 모터 속도 25%로 설정한다.)
3. 자전거가 앞으로 출발한다. (A 모터를 시계 방향으로 작동시킨다.)
4. 만약 앞에 물체가 나타날 때까지 기다린다.
5. 물체가 나타나면 경고 소리('Car Horn')를 낸다.
6. 자전거가 멈춘다.

이렇게 프로그래밍해요.

5. 도전해요.

 만약 앞에 물체가 나타나면, 빨간색이 반짝이며 뒤로 물러나요.

 만약 앞에 물체가 나타나면, 빨간색이 반짝이며 멈춰요. 물체가 사라지면 다시 출발해요.

알고리즘 | 프로그래밍 + 디버깅

[작동 알고리즘] 1~5 동일

❻ [라이트 알고리즘]으로 신호(메시지 1)를 보낸다.
❼ 자전거가 뒤로 후진한다.
❽ 자전거가 멈춘다.

[라이트 알고리즘]

❶ 메시지 1 신호를 받으면 시작한다.
❷ 가운데 라이트에 빨간색을 켠다.
❸ 0.1초 동안 기다린다.
❹ 가운데 라이트에 흰색을 켠다.
❺ 0.1초 동안 기다린다.
❻ 반짝이는 조명(2~5)을 3회 반복한다.

위 [작동 알고리즘]에서 수정

❾ 작동 알고리즘(2~8)을 무한 반복한다.

[라이트 알고리즘]은 동일

2단원. 스마트 모빌리티

2-3 배달 로봇

 1. 이야기 속으로 들어가요.

우리나라는 다양한 물건들을 배달받을 수 있어요. 직접 가지 않고 받을 수 있어서 편리하지만, 배달 서비스를 이용하면 돈을 더 내야 해요.

자율주행 기능이 발달하면서 건물 밖에서도 로봇이 배달하는 실험이 이루어지고 있어요. 우리나라 기업 중 뉴빌리티라는 회사에서는 '뉴비[1]'라는 로봇을 실험하고 있기도 해요.

이야기 속 루루가 한 말처럼 배달이 필요한 물건을 싣고, 정해진 장소로 이동하도록 명령을 받으면 알아서 배달하는 로봇이 우리 생활을 더 편리하게 바꾸어줄 수 있을 거로 생각해요.

간단한 배달 로봇을 만들어보고, 로봇에게 명령하여 원하는 장소까지 이동시키는 과정을 하나씩 살펴봅시다.

------

[1] 뉴비 사진 출처 - http://edu.donga.com/?p=article&ps=view&at_no=20220120095552544195

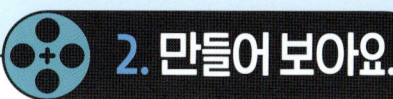 **2. 만들어 보아요.**

무엇을 만드나요?

작동 영상

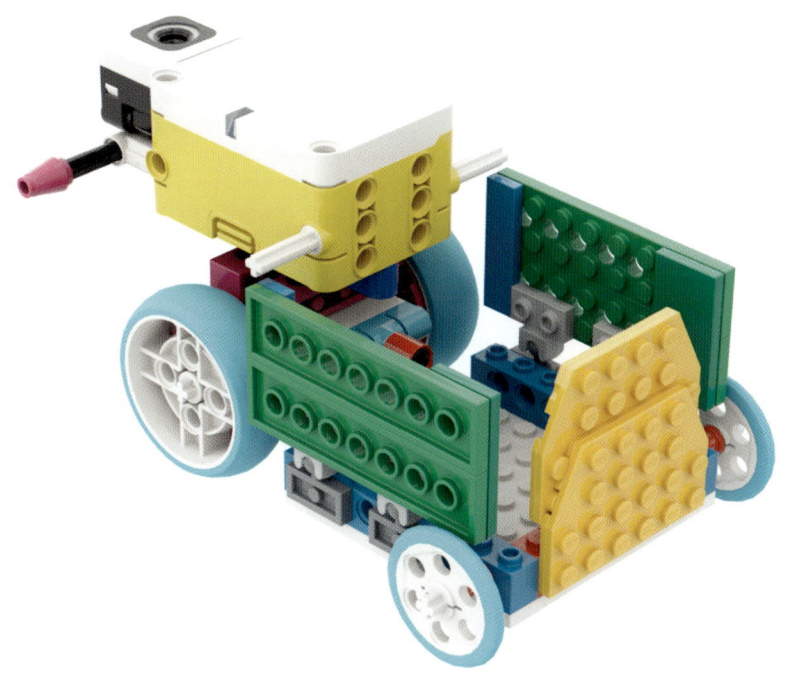

이렇게 만들어요.

1	2
3	4

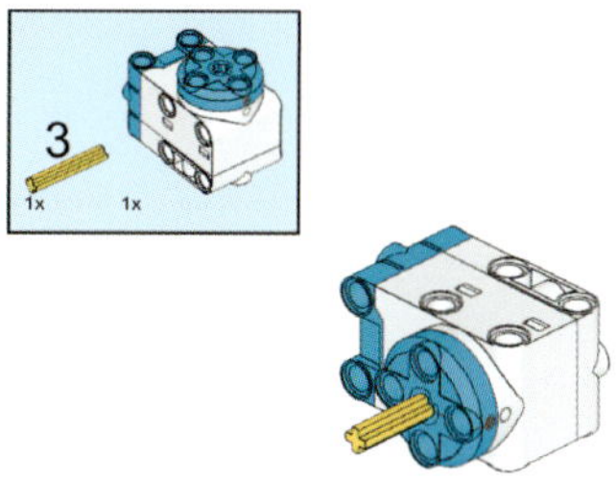

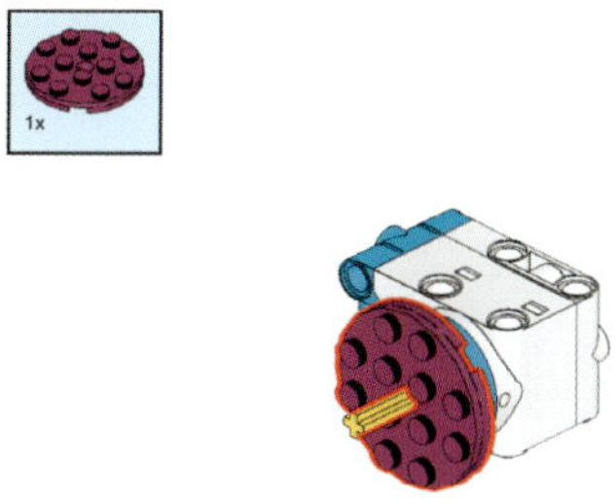

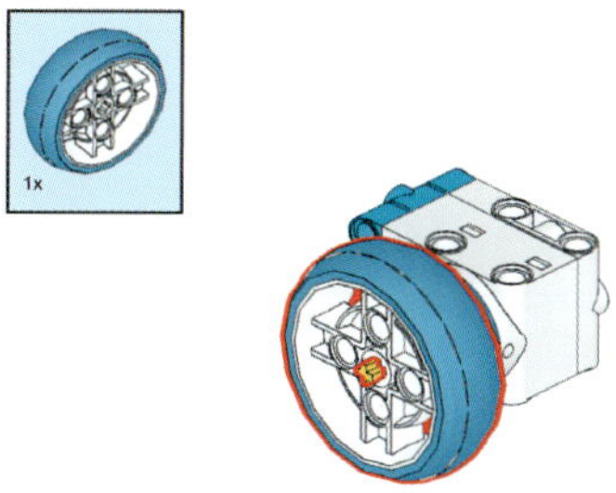

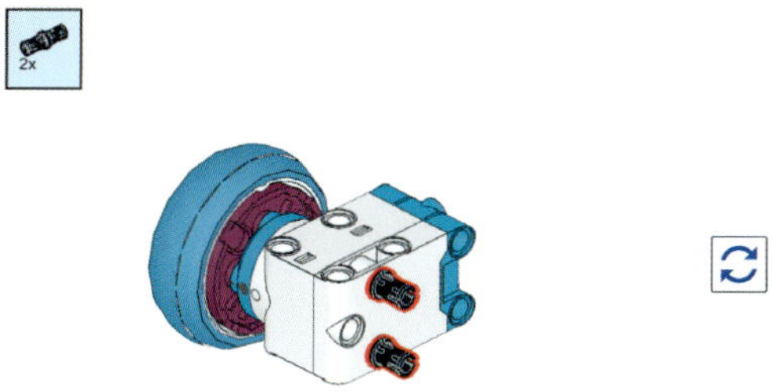

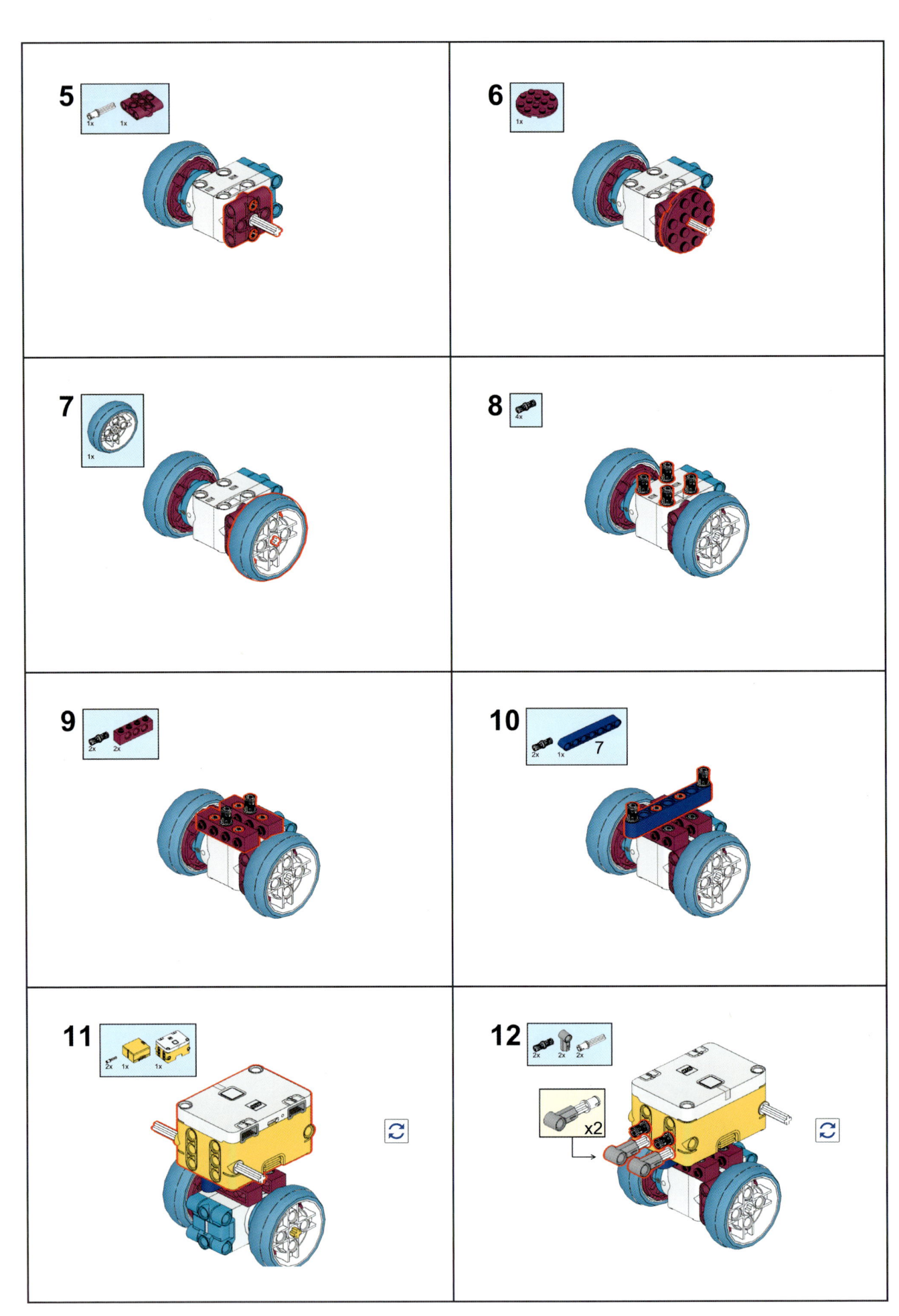

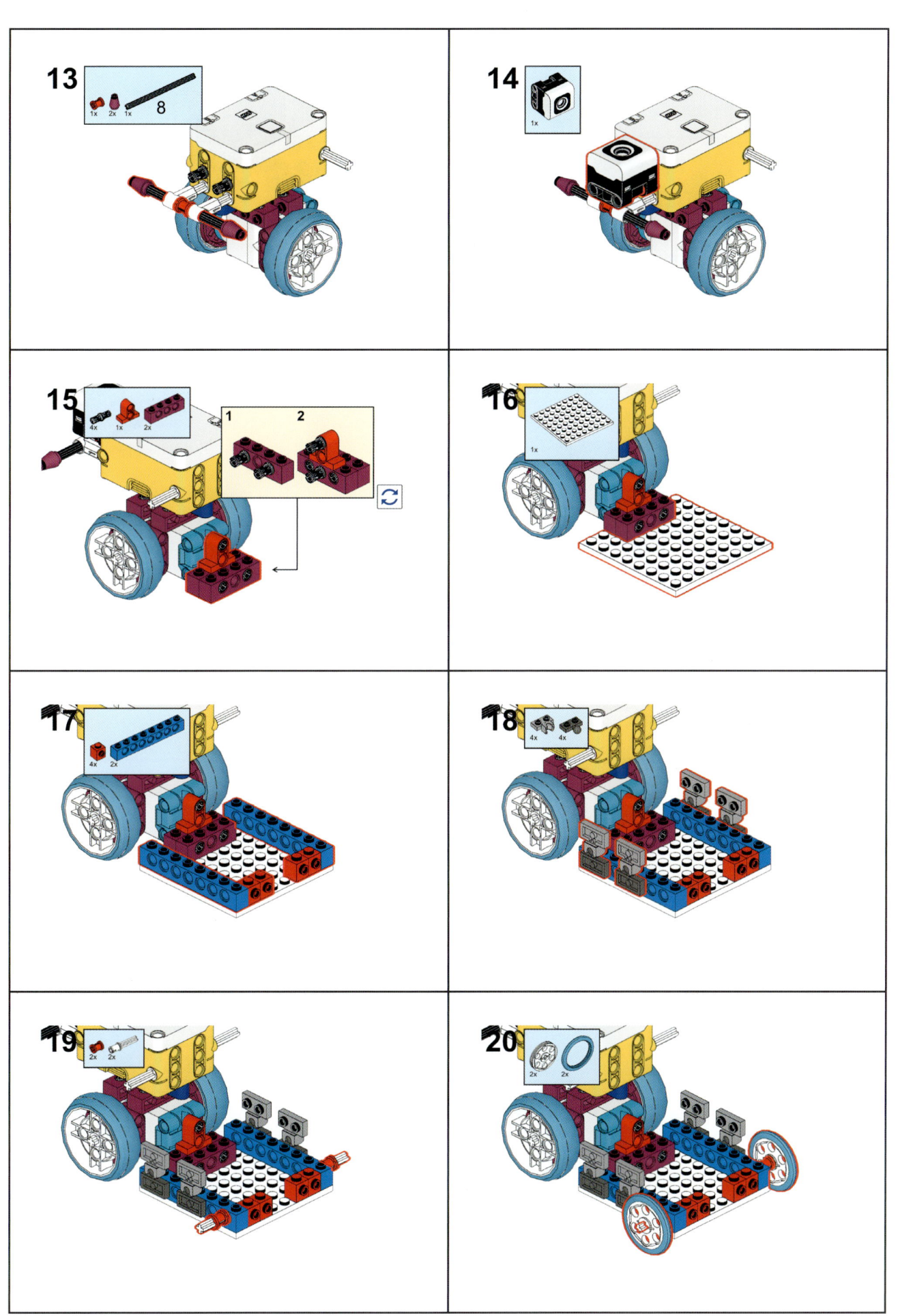

21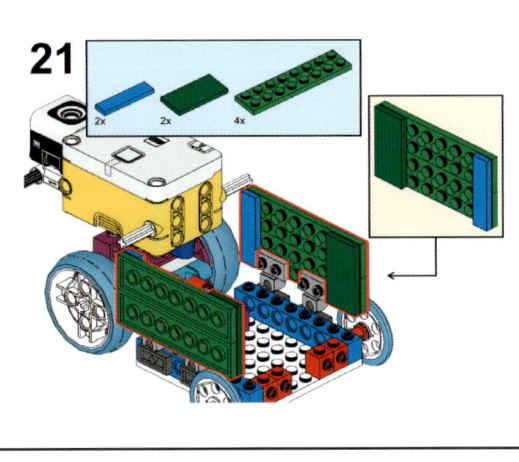

22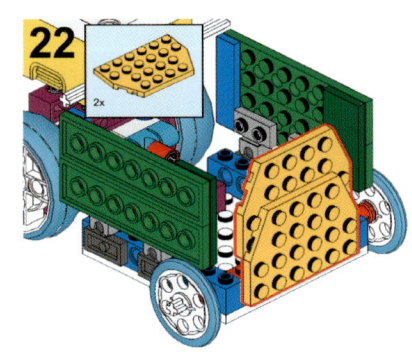

23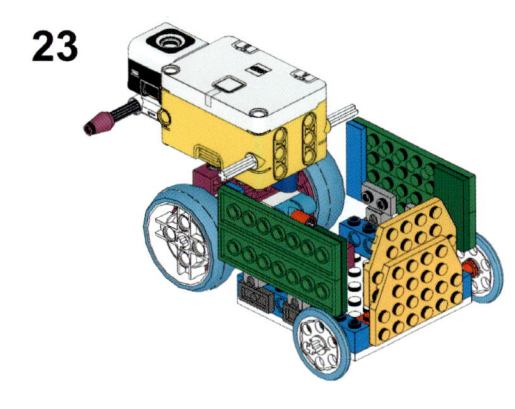

🎬 어떻게 움직일까요?

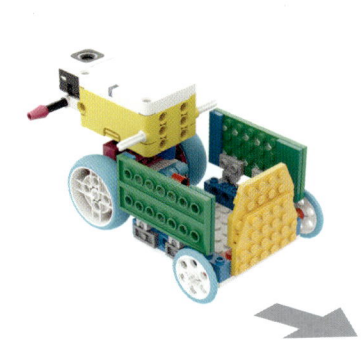

앞으로 움직이면 좋겠어요.

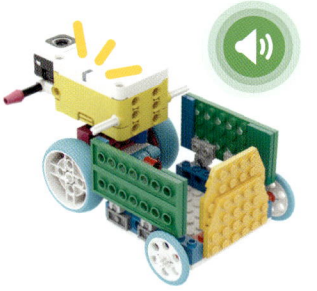

작동을 시작하면, 주위 사람들이 알 수 있도록 소리를 내고, 빛을 켜서 알려주면 좋겠어요.

움직인 시간을 측정해서 알려주면 좋겠어요.

▶ 3. 프로그래밍 해요.

❶ 이벤트 시작한다.
❷ 모터 A 모터의 속도를 50%로 설정한다.
❸ 모터 A 모터를 시계 방향으로 3초 동안 작동시킨다.
❹ 모터 A 모터 정지한다.

❶ 이벤트 시작한다.
❷ 사운드 사운드 'Car Horn'을 재생한다.
❸ 라이트 가운데 라이트를 빨간색으로 켠다.
❹ 제어 0.5초 동안 기다린다.
❺ 라이트 가운데 라이트를 녹색으로 켠다.
❻ 제어 0.5초 동안 기다린다.
❼ 제어 3~6을 3회 반복한다.

❶ 이벤트 시작한다.
❷ 센서 타이머를 초기화 한다.
❸ 제어 3초 동안 기다린다.
❹ 변수 센서 시간을 타이머로 정하기
<변수 만들기 → 시간>
❺ 디스플레이 변수 시간을 화면에 표시한다.
<왼쪽 하단 블록 확장 요소 → 디스플레이 추가>

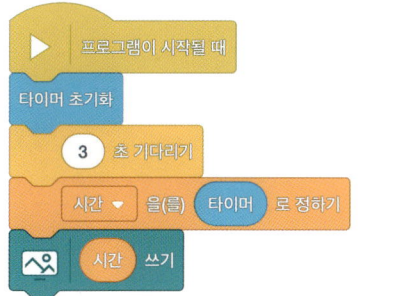

65

4. 문제를 해결해요.

시작하면, 배달 로봇이 출발 소리를 내고
빨간색으로 위험을 경고해요.
3초 동안 앞으로 이동하고, 멈춰요.
도착하면 화면에 움직인 시간을 안내하면 좋겠어요.

이렇게 작동해요.

작동 알고리즘

1. 시작한다.
2. 타이머를 초기화한다.
3. 배달 로봇 출발 소리를 낸다.
4. 배달 로봇에 빨간색을 표시한다.
5. 배달 로봇의 이동 속도를 설정한다.
6. 배달 로봇이 3초 동안 앞으로 움직인다.
7. 배달 로봇이 멈춘다.
8. 배달 로봇에 초록색을 표시한다.

9~10. 움직인 시간을 화면에 표시한다.

이렇게 프로그래밍해요.

```
프로그램이 시작될 때
타이머 초기화
Car Horn ▼ 재생하기
가운데 버튼 라이트를 [빨강] 색으로 정하기
A ▼ 모터 50 %로 속도 정하기
A ▼ 모터 ↻ ▼ 방향으로 3 초 ▼ 만큼 작동하기
A ▼ 멈추기
가운데 버튼 라이트를 [초록] 색으로 정하기
시간 ▼ 을(를) 타이머 로 결정하기
시간 쓰기
```

5. 도전해요.

 배달 로봇에게 색깔에 따라 이동 거리를 명령할 수 있어요.

 배달을 마친 로봇을 툭툭 건드리면 원래 위치로 돌아가면 좋겠어요.

알고리즘

[작동 알고리즘]에서 변경

① 컬러 센서에 빨간색일 때 시작한다.
⑥ 로봇이 5초 동안 앞으로 이동한다.

위 [작동 알고리즘]을 복사한 후 변경

① 컬러 센서가 파란색일 때 시작한다.
⑥ 로봇이 10초 동안 앞으로 이동한다.

위의 [작동 알고리즘]에서 변경

〈빨간색〉일 때,

⑪ 〈두드림〉까지 기다리기
⑫ 자동차 소리를 낸다.
⑬ 빨간색을 표시한다.
⑭ 로봇이 5초 동안 뒤로 이동한다.
⑮ 로봇이 멈춘다.
⑯ 초록색을 표시한다.

〈파란색〉일 때,
〈빨간색〉의 11~16을 복사하고
붙인 후 수정

⑭ 로봇이 10초 동안 뒤로 이동한다.

프로그래밍 + 디버깅

2단원. 스마트 모빌리티

2-4 4다리 로봇

 1. 이야기 속으로 들어가요.

4다리 로봇은 실제로 강아지의 움직임을 그대로 따라 만든 것이에요. 각 다리는 배터리를 이용하는 모터로 움직이도록 만들어졌어요.

이렇게 다리가 4개인 로봇은 사람들이 가기 어려운 장소나 위험한 장소에 주로 활용되도록 개발되었습니다. 불규칙한 땅 모양에서도 잘 이동할 수 있지요. 예를 들면, 산이나 숲속, 파괴된 지역, 화재 장소 같은 곳에서 활용할 수 있습니다.

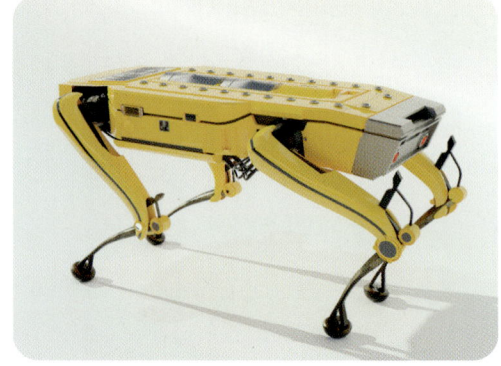

일상생활 속에서도 강아지처럼 움직이며, 사람 모습을 한 로봇보다도 편안하게 여겨질 수 있고, 생활 속 불편한 점을 도와줄 수 있을 것으로 기대하고 있습니다.

간단한 4다리 로봇을 만들어보고, 로봇에게 명령하여 다양한 방향으로 이동하는 과정을 하나씩 살펴봅시다.

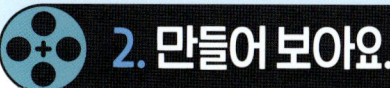

2. 만들어 보아요.

무엇을 만드나요?

작동 영상

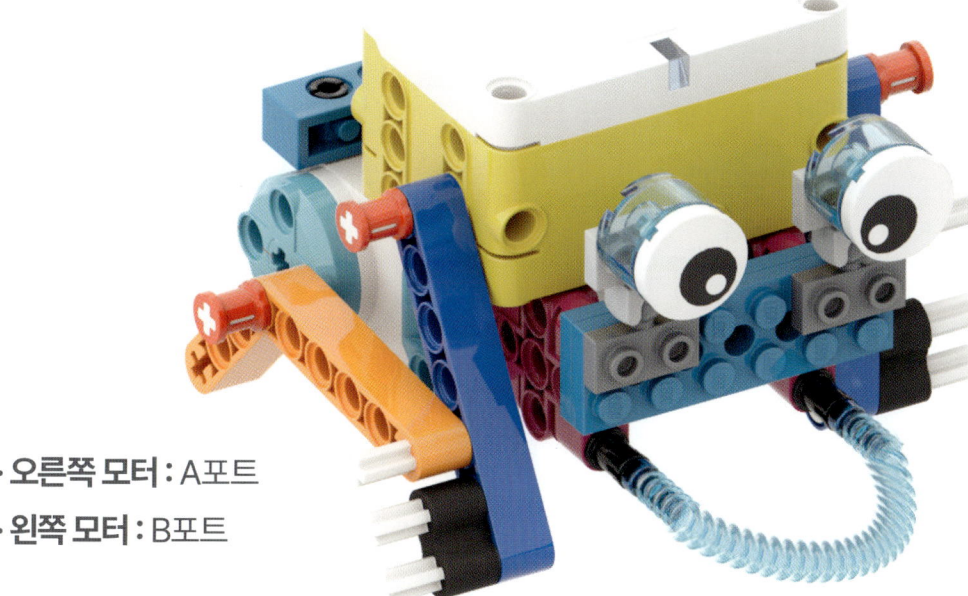

- 오른쪽 모터 : A포트
- 왼쪽 모터 : B포트

이렇게 만들어요.

1

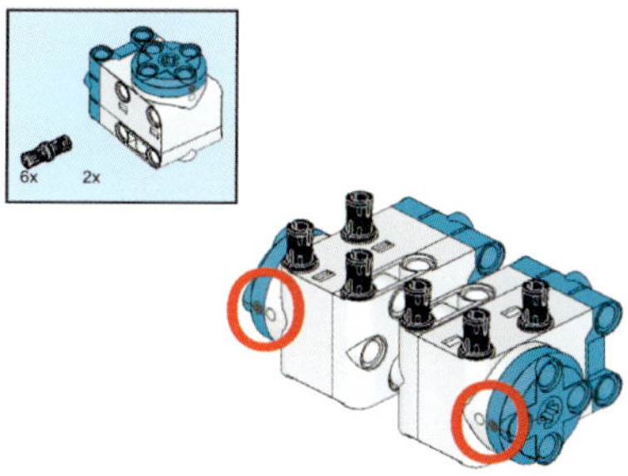

2

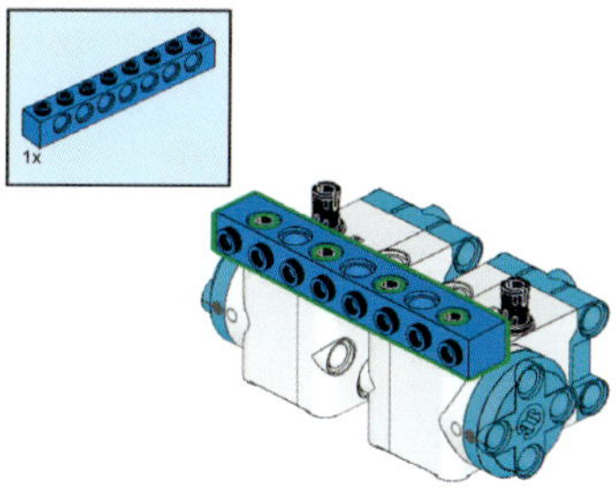

3

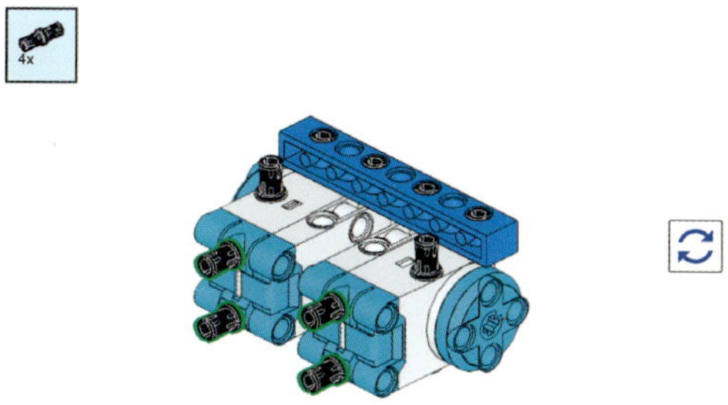

4

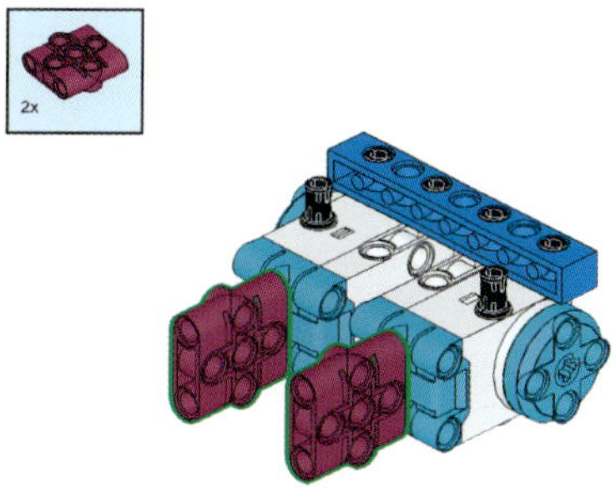

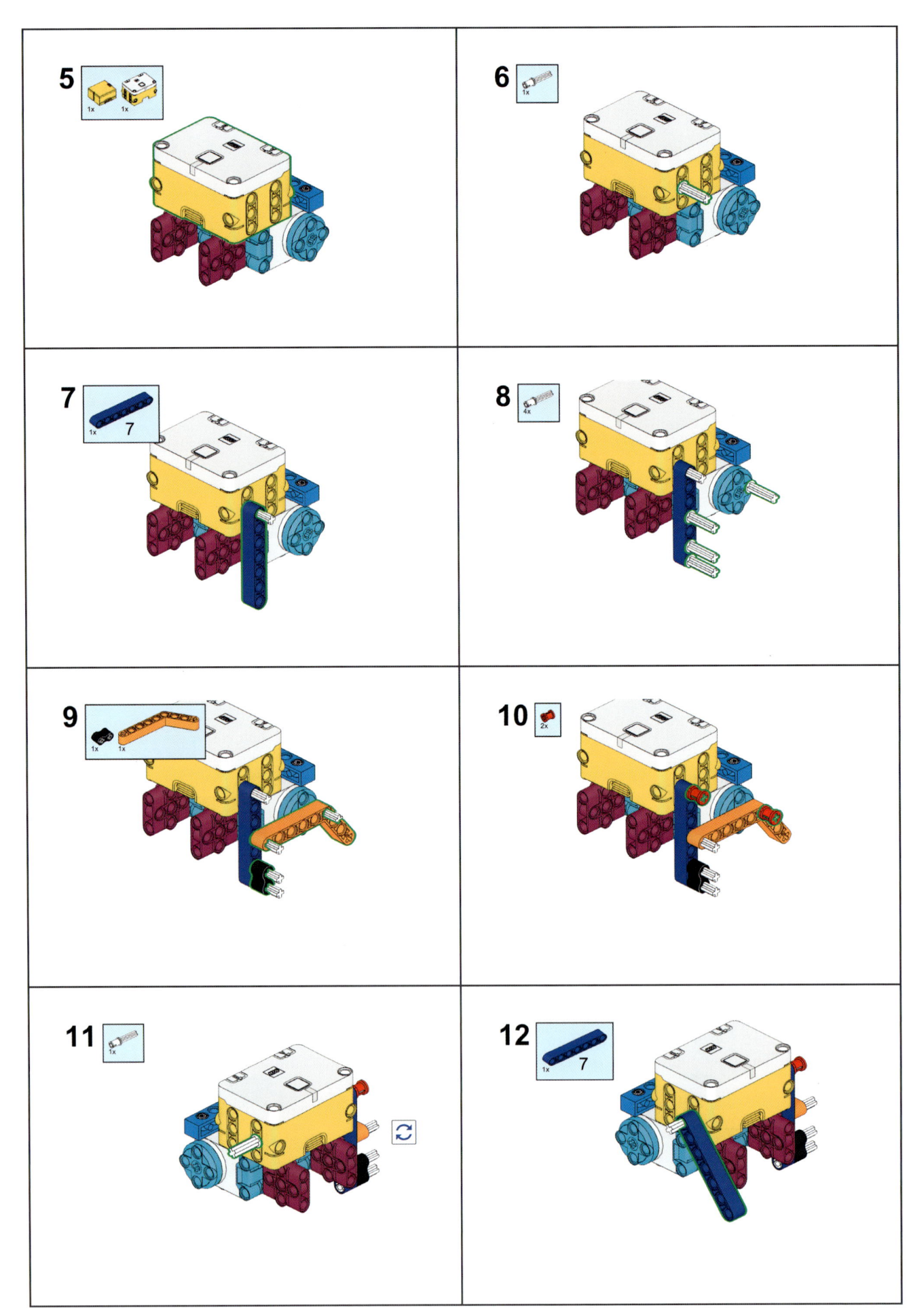

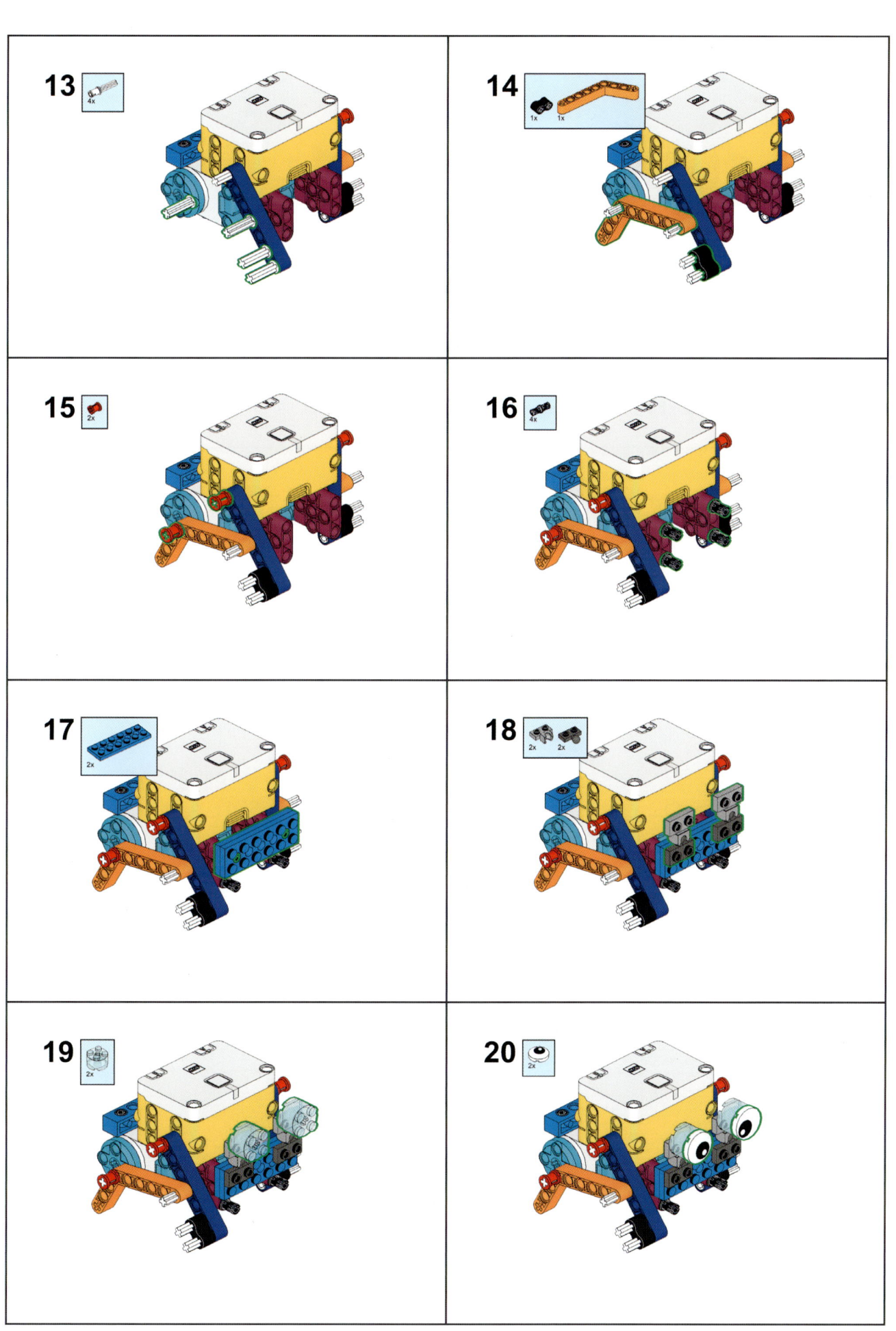

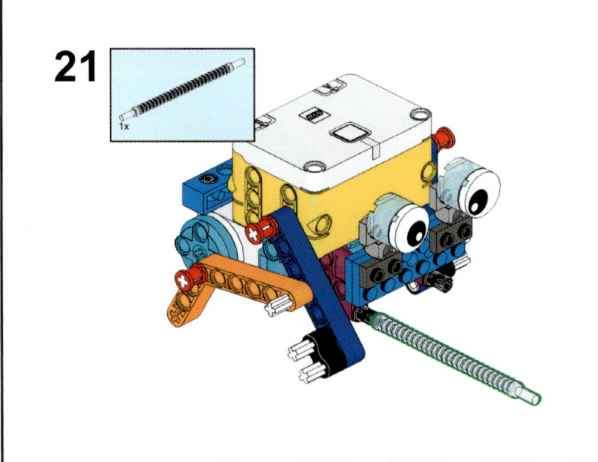
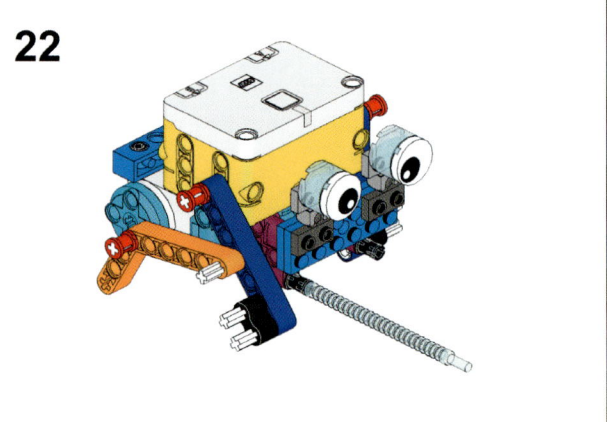

📷 어떻게 움직일까요?

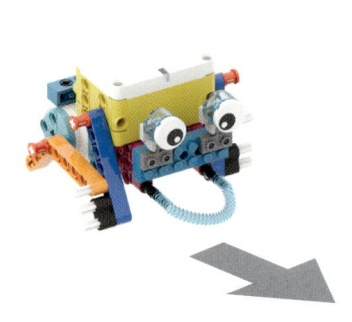

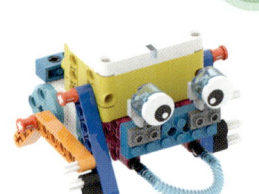

로봇이 잠시 기다렸다, 앞으로 움직이면 좋겠어요.

로봇이 소리를 내며, 출발 준비를 하면 좋겠어요.

움직이는 동안 빛이 반짝이며 위험 신호를 보내면 좋겠어요.

3. 프로그래밍 해요.

1. **이벤트** 시작한다.
2. **동작** 동작 속도는 50%로 설정한다.
3. **제어** 1초 기다린다.
4. **동작** 앞 방향으로 작동시킨다.

1. **이벤트** 시작한다.
2. **사운드** 사운드 ('Connect')를 재생한다.
3. **모터** A 모터와 B 모터를 최단 경로 방향으로 0까지 이동시킨다.

[작동 프로그램]
1. **이벤트** 시작한다.
2. **동작** 동작 속도는 50%로 설정한다.
3. **이벤트** 메시지 1 신호를 보낸다.
4. **동작** 앞 방향으로 작동시킨다.

[라이트 프로그램]
1. **이벤트** 메시지 1 신호를 받았을 때 시작한다.
2. **라이트** 가운데 라이트 버튼을 빨간색으로 바꾼다.
3. **제어** 0.5초 기다린다.
4. **라이트** 가운데 라이트 버튼을 흰색으로 바꾼다.
5. **제어** 0.5초 기다린다.
6. **제어** 2~5를 무한 반복한다.

4. 문제를 해결해요.

시작하면 연결 소리를 내고 준비 자세를 취해요.
1초를 기다렸다가, 앞으로 움직이기 시작해요.
움직이면서 동시에 빨간색 빛이 반짝이며
경고 신호를 내면 좋겠어요.

이렇게 작동해요.

작동 알고리즘	라이트 알고리즘
① 시작한다.	① 움직인다는 신호를 받으면 시작한다.
② 로봇에서 연결되었다는 소리를 보낸다.	② 라이트 매트릭스에 빨간색이 켜진다.
③ 잠시 기다린다.	③ 잠시 기다린다.
④ 라이트 프로그램에 신호를 보내 움직일 것 이라는 것을 알린다.	④ 라이트 매트릭스에 흰색이 켜진다.
⑤ 로봇이 준비 자세를 취한다.	⑤ 잠시 기다린다.
⑥ 동작 속도를 설정한다.	⑥ 2~6까지 무한 반복한다.
⑦ 로봇이 앞으로 움직인다.	

이렇게 프로그래밍해요.

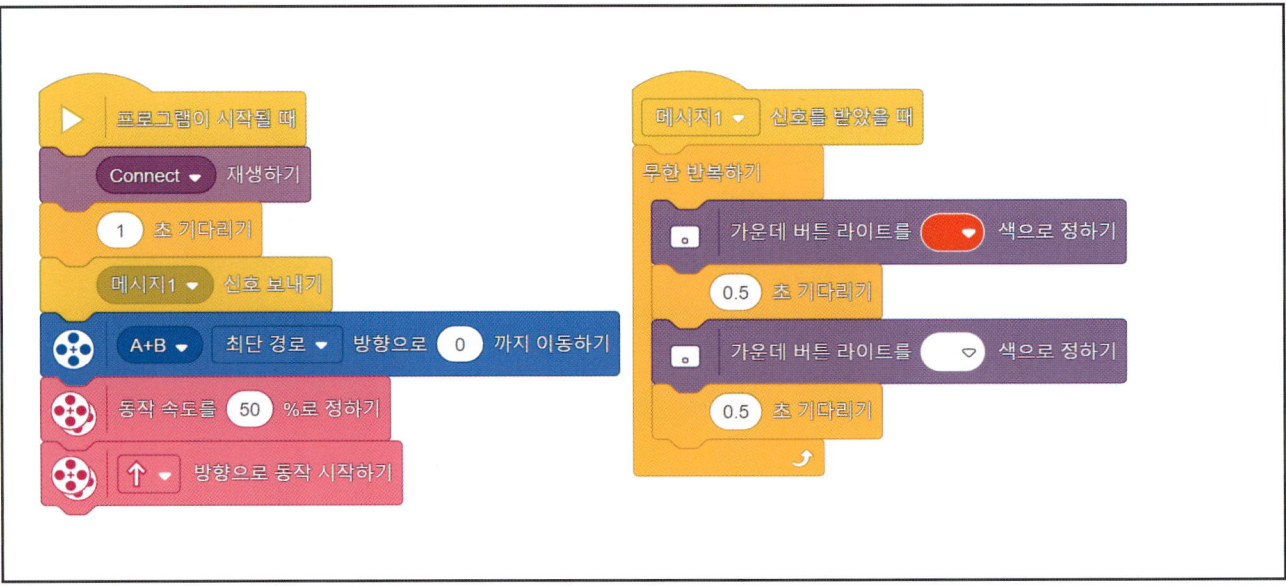

5. 도전해요.

 로봇을 똑바로 놓을 때, 앞으로 움직이면 좋겠어요.

 로봇을 뒤집을 때, 멈추면 좋겠어요.

알고리즘	프로그래밍 + 디버깅
[작동 알고리즘]에서 변경 **수정** ❶ 허브 (앞)이 위일 때 시작한다. ❷ 모터 2개가 시작 위치로 돌아가 움직일 준비를 한다. ❸ 동작 속도를 (50)%로 정한다. ❹ (앞)방향으로 동작 시작한다.	#기본은 위 프로그램과 같음 
위 [작동 알고리즘]에 추가 **추가** ❶ 허브 (뒤)가 위일 때 시작한다. ❷ 모터 모두 멈춘다. ❸ 사운드 'Boop Bing Bop' 끝까지 재생한다.	# 바로 위 프로그램 + 〈추가〉 

3단원. 크리에이터

3-1 운동 도움 로봇

 1. 이야기 속으로 들어가요.

매일 규칙적인 운동은 성장하는 어린이부터 스트레스를 받는 어른까지 모두의 건강을 위해 좋다고 합니다. 운동을 매일 하는 것이 생각처럼 잘되지 않기도 하지요.

윗몸 일으키기 운동은 운동기구가 없이도 간단하게 가능합니다. 안전하게 운동하는 방법[1]대로 하는 게 중요해요.

무릎이 올라오도록 당겨서 천천히 누워요. 양팔을 앞으로 쭉 펴서 무릎에 닿을 정도로만 천천히 일어나요. 다시 뒤로 천천히 누워요. 안전한 방법으로 몸을 사용하는 운동이 건강을 유지해 주고, 스트레스를 해소하는 데도 많은 도움이 됩니다.

운동을 도와주는 로봇을 만들어서 혼자서도 운동할 수 있도록, 참고하여 간단한 운동 도움 로봇을 만들어 표현해 볼까요?

---

[1] 운동방법 참고 : https://www.youtube.com/watch?v=mt62ZEeQnHc

2. 만들어 보아요.

무엇을 만드나요?

작동 영상

이렇게 만들어요.

1

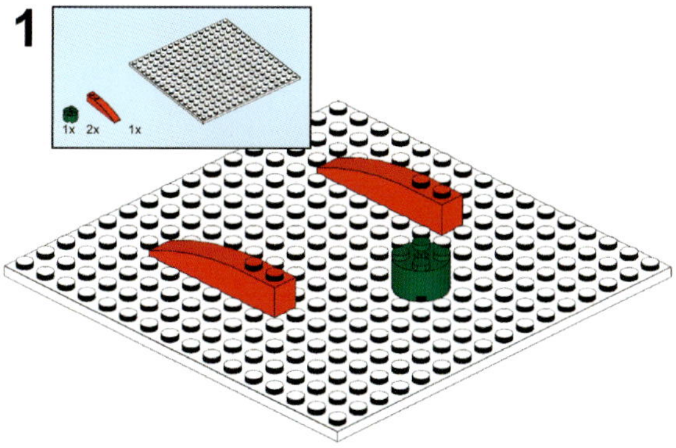

2

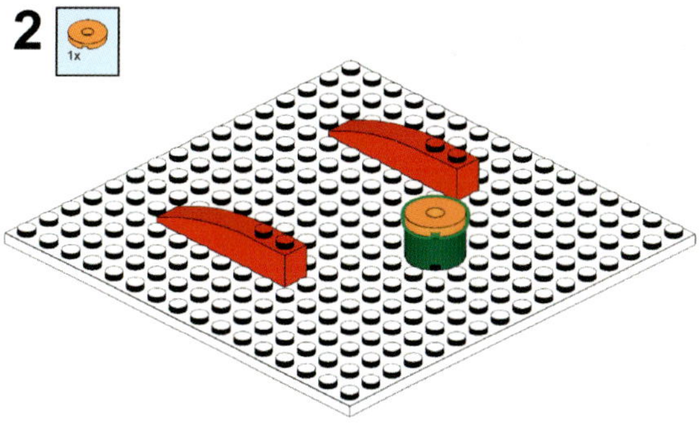

3

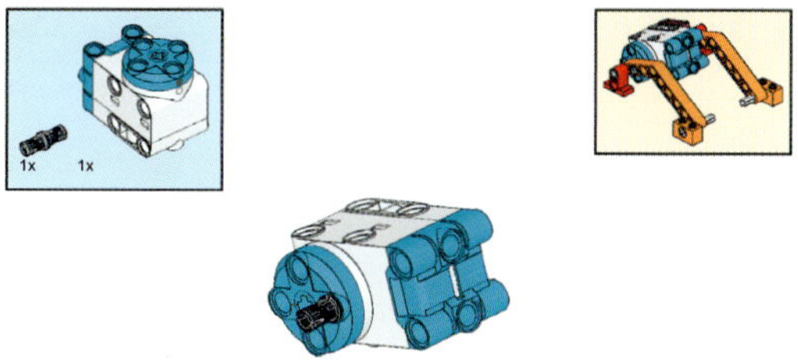

4

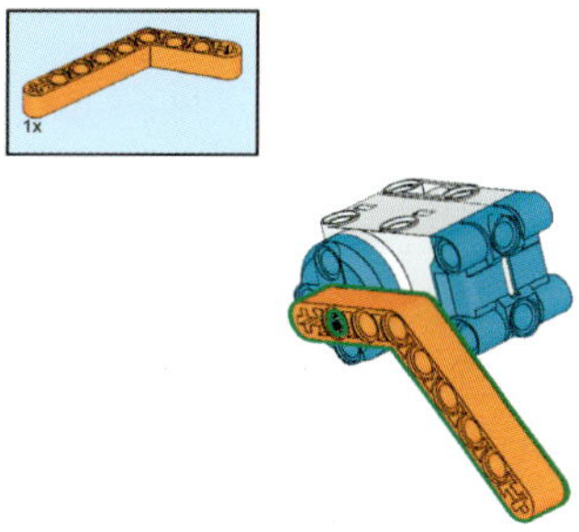

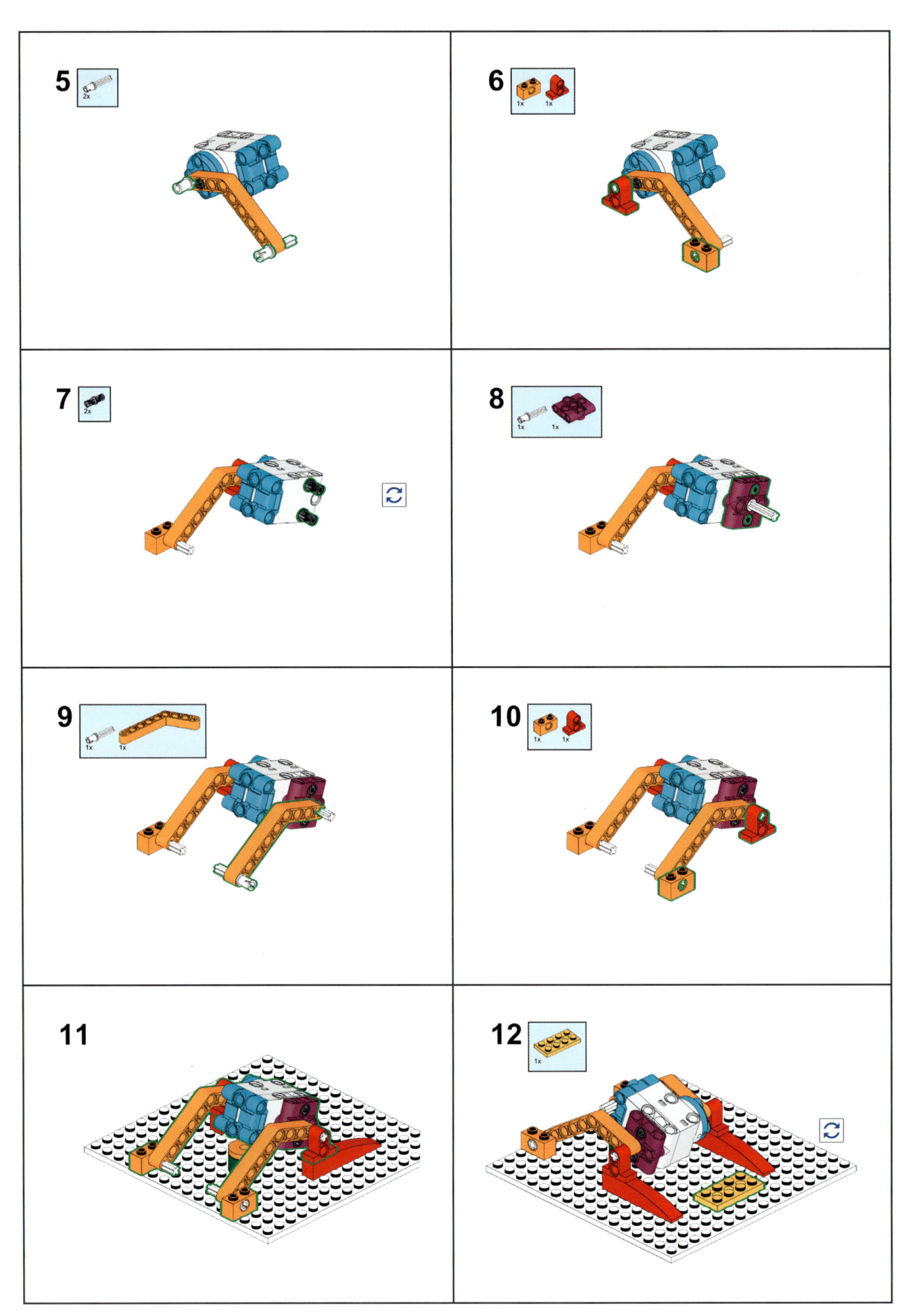

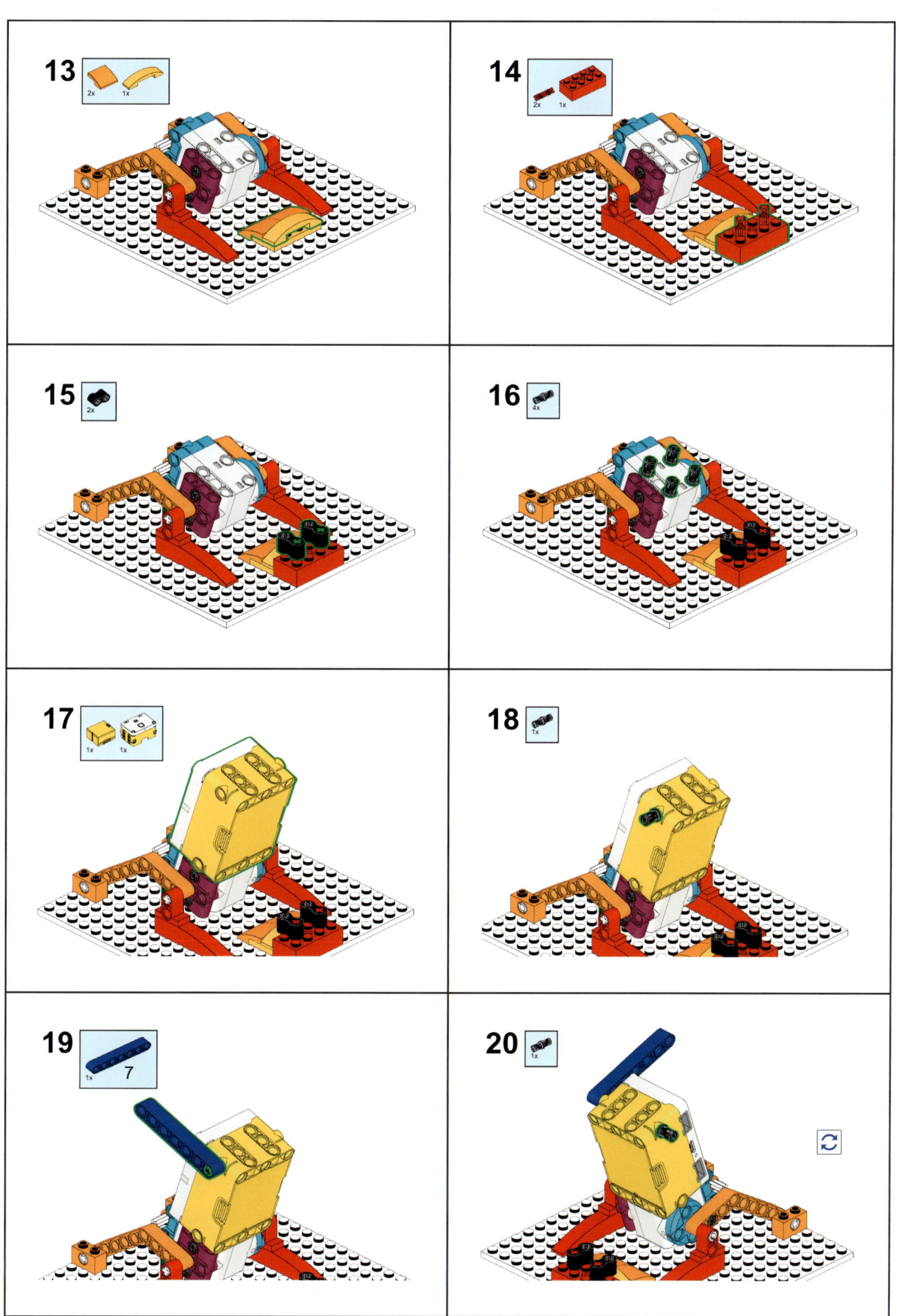

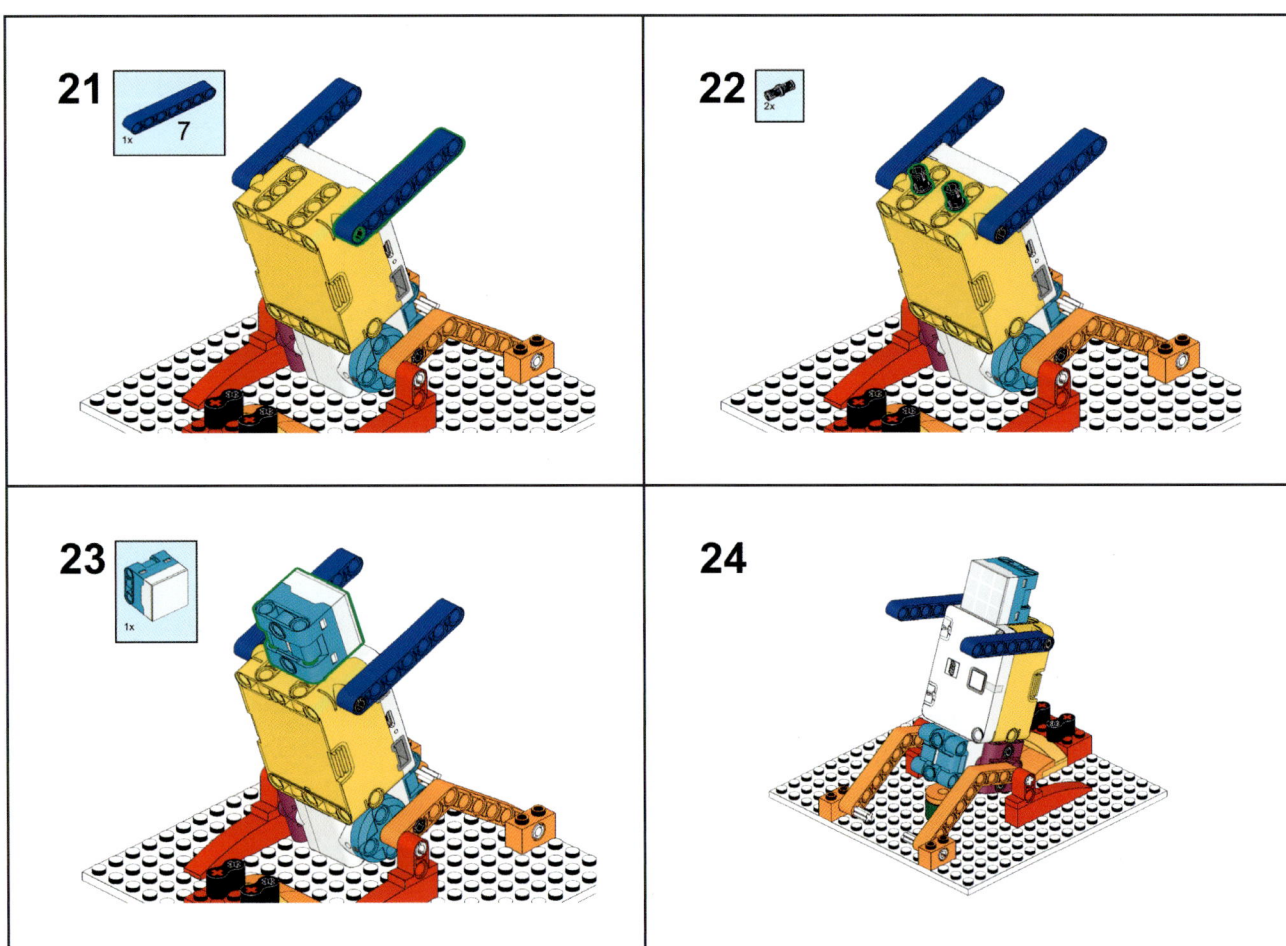

어떻게 움직일까요?

로봇이 천천히 뒤로 누우며 준비하는 모습을 알려주면 좋겠어요.

누워있는 로봇이 조금 기다렸다가 천천히 올라오면 좋겠어요.

하나씩 운동할 때마다 소리와 빛으로 알려주면 좋겠어요.

3. 프로그래밍 해요.

❶ **이벤트** 시작한다.
❷ **모터** A 모터의 속도를 5%로 설정한다.
❸ **모터** A 모터를 시계 방향으로 30도만큼 작동시킨다.
❹ **모터** A 모터를 정지시킨다.

❶ **이벤트** 시작한다.
❷ **제어** 1초 기다린다.
❸ **모터** A 모터의 속도를 40%로 정한다.
❹ **모터** A 모터를 시계 반대 방향으로 30도만큼 작동시킨다.
❺ **모터** A 모터를 정지시킨다.

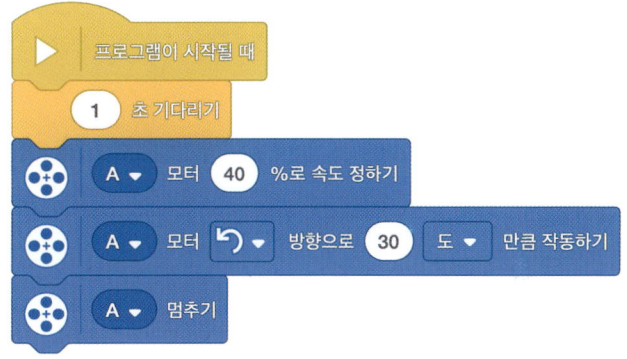

❶ **이벤트** 시작한다.
❷ **제어** 1초 기다린다.
❸ **사운드** 사운드(Coin)를 재생한다.
❹ **라이트** B 라이트 매트릭스를 노란색으로 1초 동안 켠다.

4. 문제를 해결해요.

운동 도움 로봇이 천천히 누웠다가 올라와요.
올라오면 소리를 내면서 라이트 매트릭스가 켜져요.

이렇게 작동해요.

작동 알고리즘

1. 시작한다.
2. 운동 도움 로봇이 아래로 내려가는 속도를 설정한다.
3. 운동 도움 로봇이 아래로 내려간다.
4. 멈춘다.
5. 운동 도움 로봇이 위로 올라오는 속도를 설정한다.
6. 운동 도움 로봇이 위로 올라온다.
7. 멈춘다.
8. 사운드('Coin')가 나온다.
9. 라이트 매트릭스에 노란색이 켜진다.

이렇게 프로그래밍해요.

5. 도전해요.

 시작하면 소리가 나고, 준비시간 3초를 주면 좋겠어요.

 얼굴 표정을 바꾸어가며 10번 반복해 주면 좋겠어요.

알고리즘	프로그래밍 + 디버깅
[준비 알고리즘] 추가 ❶ 시작한다. ❷ 시작하는 사운드('Collect')를 재생한다. ❸ 라이트 매트릭스에 빨간색을 1초 동안 켠다. ❹ 라이트 매트릭스에 노란색을 1초 동안 켠다. ❺ 라이트 매트릭스에 초록색을 1초 동안 켠다. ❻ 준비 완료 신호를 보낸다. [작동 알고리즘] 변경 ❶ 준비 완료 신호(메시지)를 받았을 때 시작한다.	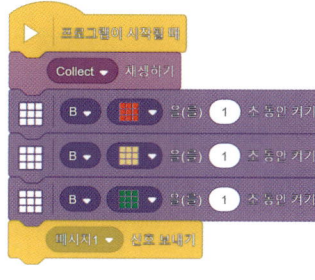 
위 [작동 알고리즘] 추가 및 변경 **1-1** 라이트 매트릭스에 얼굴 모양을 설정하고 켠다. ❾ 라이트 매트릭스를 얼굴 모양으로 설정한다. ❿ 1-1 ~ 9까지 운동 도움 로봇의 움직임을 10회 반복한다.	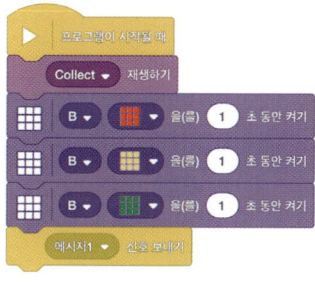 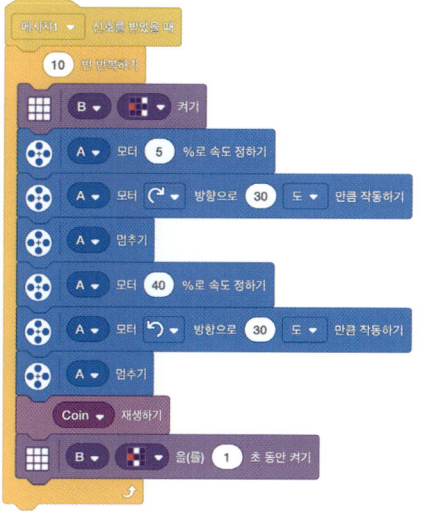

3단원. 크리에이터

3-2 길 따라가는 로봇

 **1. 이야기 속으로 들어가요.**

고속도로에서는 스스로 차선을 찾아서 길을 따라 안전하게 달리는 자동차들이 많아지고 있습니다. 출발부터 도착까지 완전히 다 알아서 하는 자동차는 아직은 우리가 사용할 수 없지만, 여러 회사에서 개발하는 중입니다. 자동차도 일종의 로봇이지요.

긴 시간 동안 운전하는 어렵고 힘든 일입니다. 사람이 운전하는 과정 중에서 로봇이 할 수 있도록 카메라와 센서를 설치하고 프로그래밍하여 도움을 받을 수 있게 되었습니다.

왼쪽 차선에 가까워지면 차를 오른쪽으로 움직이고, 오른쪽 차선에 가까워지면 차를 왼쪽으로 움직이는 과정을 반복하면 차선에 맞추어 달릴 수 있을 거예요.

이 생각을 바탕으로 직접 길을 따라가는 로봇을 만들어 표현해 볼까요?

2. 만들어 보아요.

무엇을 만드나요?

작동 영상

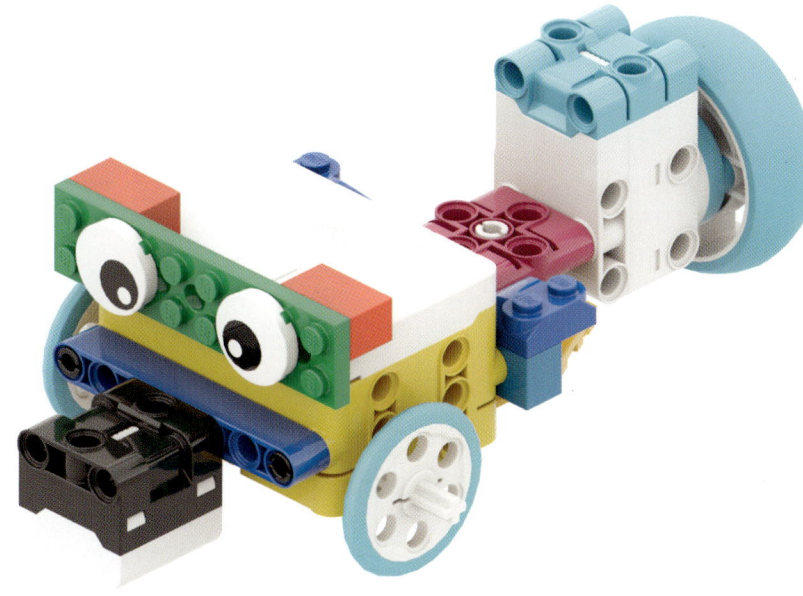

이렇게 만들어요.

1	2
3	4

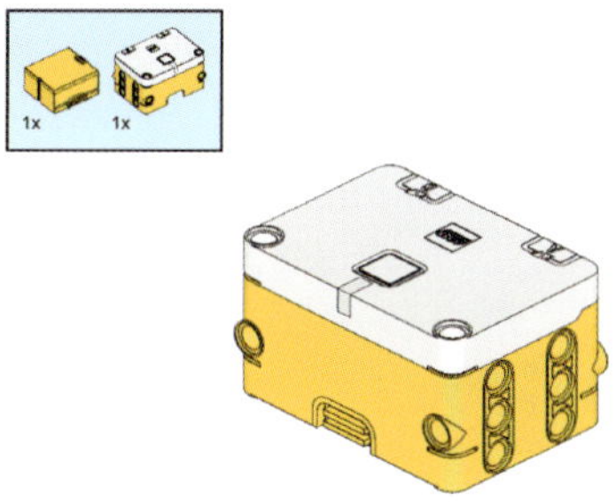

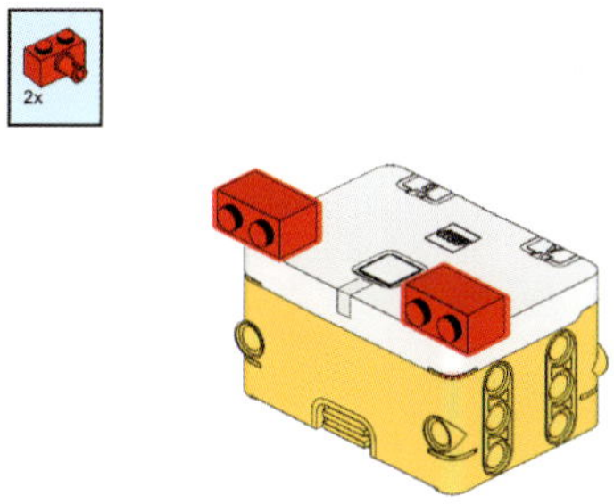

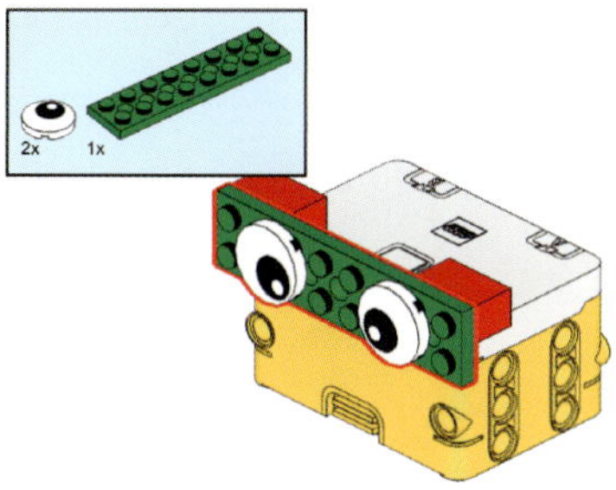

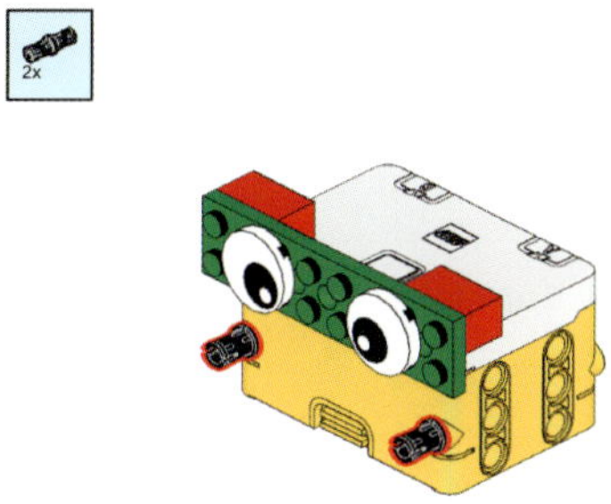

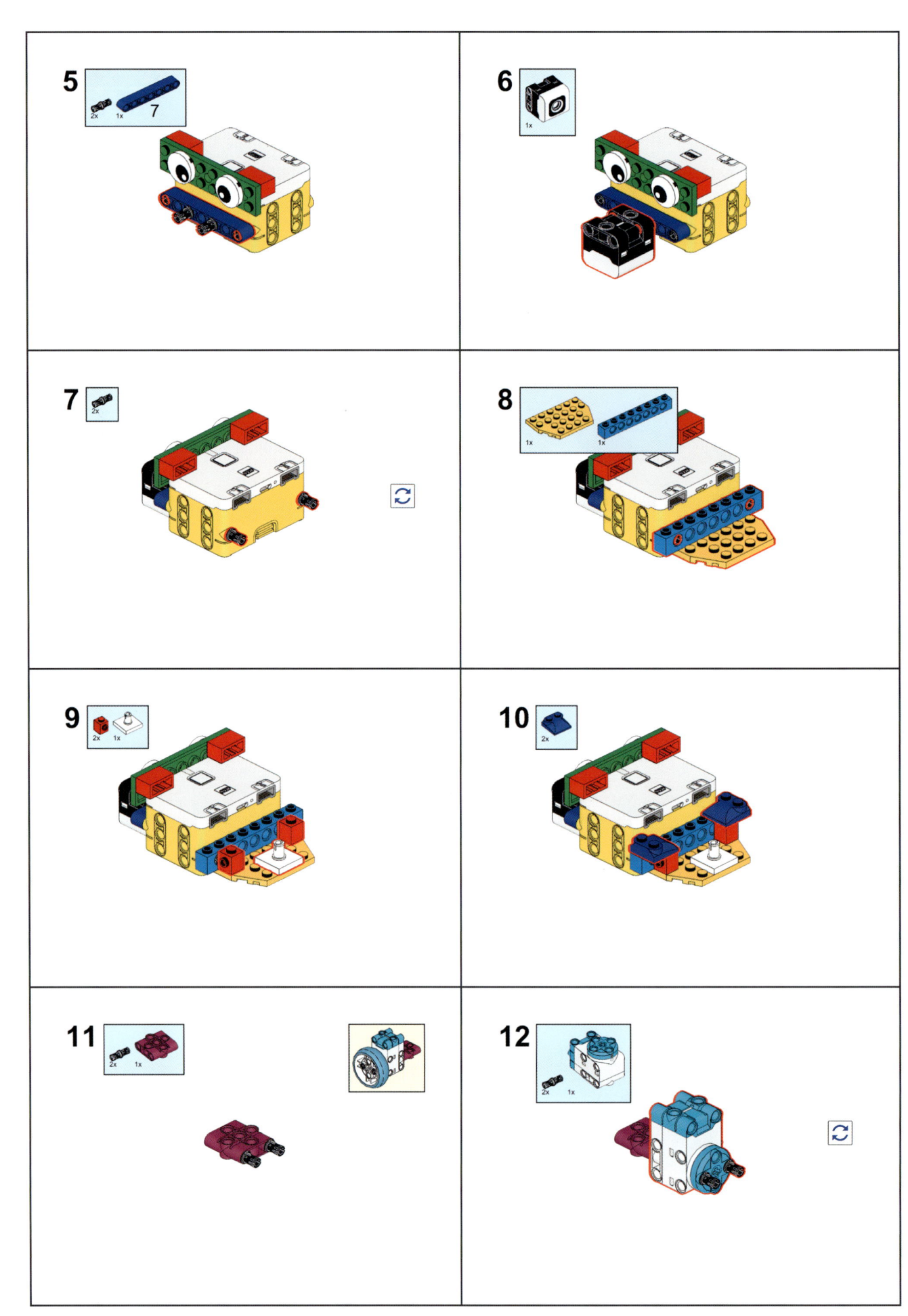

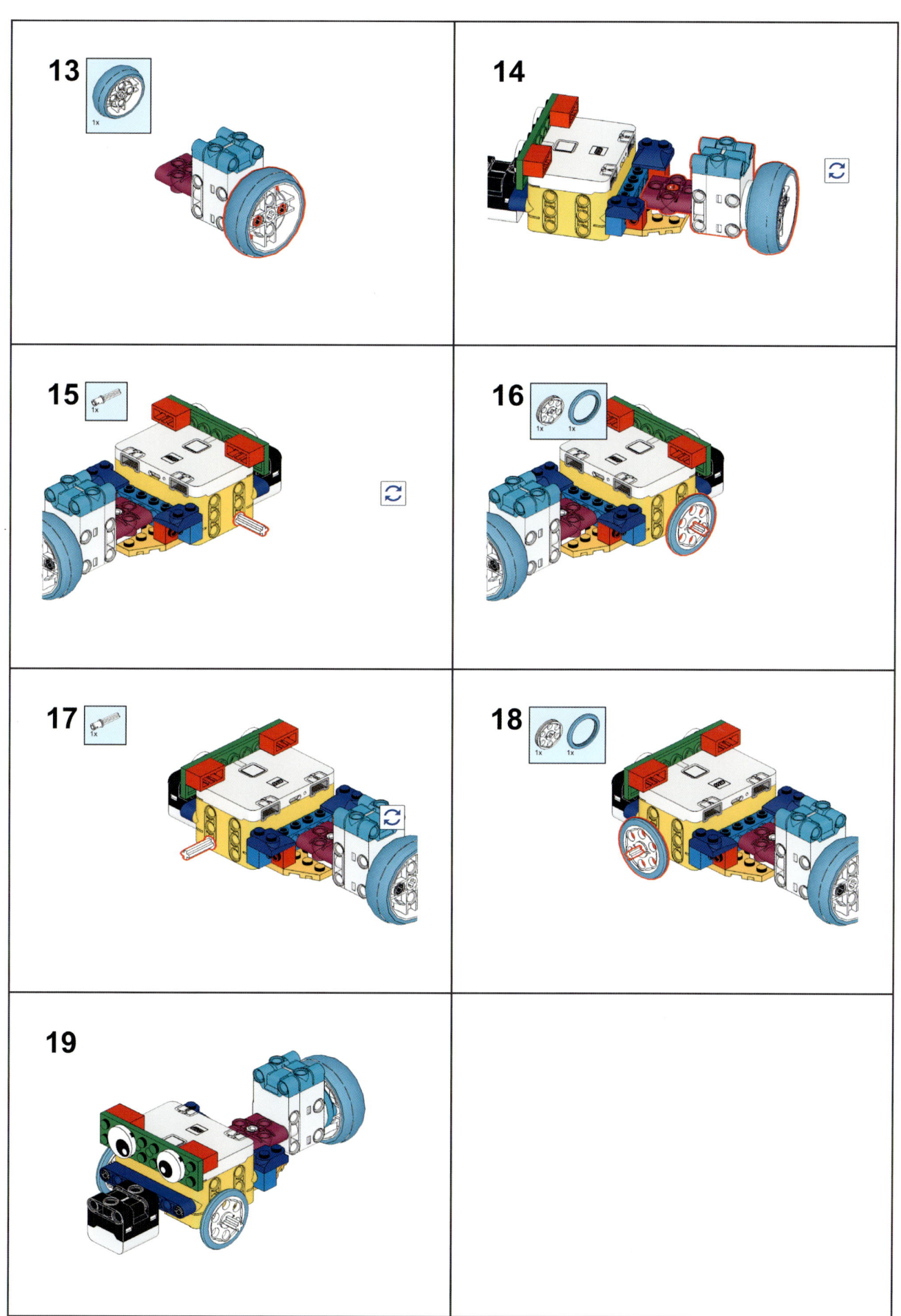

어떻게 움직일까요?

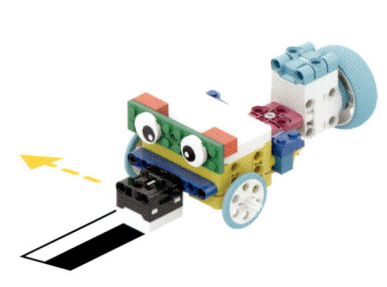

검은색 선을 만나면 로봇이 오른쪽으로 움직였으면 좋겠어요.

흰색 선을 만나면 로봇이 왼쪽으로 움직였으면 좋겠어요.

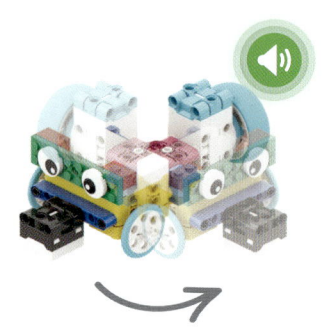

방향을 바꿀 때 소리가 나오면 좋겠어요.

3. 프로그래밍 해요.

1. **이벤트** B 컬러 센서가 검은색일 때 시작한다.
2. **모터** A 모터의 속도를 50%로 설정한다.
3. **모터** A 모터를 시계 반대 방향으로 작동시킨다.

1. **이벤트** B 컬러 센서가 흰색일 때 시작한다.
2. **모터** A 모터의 속도를 50%로 설정한다.
3. **모터** A 모터를 시계 방향으로 작동시킨다.

1. **이벤트** B 컬러 센서가 검은색일 때 시작한다.
2. **사운드** 사운드('Robot 1')을 재생한다.
3. **모터** A 모터의 속도를 50%로 정한다.
4. **모터** A 모터를 시계 반대 방향으로 작동시킨다.

4. 문제를 해결해요.

프로그램이 시작하면, 로봇이 출발해요.
바닥의 검은색을 만나면 오른쪽으로 움직여요.
바닥의 흰색을 만나면 왼쪽으로 움직여요.
검은색 선을 만날 때마다 소리를 내면 좋겠어요.

이렇게 작동해요.

작동 알고리즘

1 시작한다.

2 길 따라가는 로봇의 속도를 설정한다.

3 만약 로봇이 검은색 선을 만난다면,

　3-1 사운드('Robot 1')를 재생한다.

　3-2 로봇이 오른쪽으로 이동한다.

4 만약 로봇이 흰색을 만난다면,

　4-1 로봇이 왼쪽으로 이동한다.

5 3-4를 계속 반복하면서 라인을 따라간다.

이렇게 프로그래밍해요.

```
▶ 프로그램이 시작될 때
  A 모터 50 %로 속도 정하기
  무한 반복하기
    만약 ◯ B 의 색상이 ● 인가? (이)라면
      Robot 1 재생하기
      A 모터 ↺ 방향으로 켜기
    만약 ◯ B 의 색상이 ○ 인가? (이)라면
      A 모터 ↻ 방향으로 켜기
```

5. 도전해요.

 로봇을 툭툭 두드리면 출발했으면 좋겠어요.

 로봇이 빨간색을 만나면 멈추면 좋겠어요.

알고리즘	프로그래밍 + 디버깅
[작동 알고리즘] 변경 ❶ 허브를 두드리면 시작한다.	
위의 [작동 알고리즘]에서 추가 및 변경 [1 ~ 4. 동일함.] ❺ 만약 로봇이 빨간색을 만난다면, 5-1 로봇이 정지한다. 5-2 모두 멈춘다. ❻ 3~5를 무한 반복한다.	

3단원. 크리에이터

3-3 오르골

 **1. 이야기 속으로 들어가요.**

오르골은 쉽게 말해 소리가 나는 작은 상자입니다. 오르골은 처음 만들어진 때가 약 200년 전입니다. 사람들이 음악을 집에서 즐기기 위해 만들어졌다고 해요.

오르골은 어떻게 소리를 내는지 궁금하죠? 간단하게 작동 원리를 살펴볼게요. 오르골 안에는 작은 말뚝들이 있는 긴 원통이 있어요. 이 원통이 돌아가면 통에 있는 말뚝들이 길이가 서로 다른 금속 막대에 부딪히며 튕깁니다. 금속 막대가 튕기면서 아름다운 소리가 나는데, 이 소리가 이어지면서 음악으로 들리는 것입니다.

이렇게 돌아가는 원통이 오르골의 '프로그램'이라고 볼 수 있지요. 오르골은 오래전부터 사람들이 음악을 즐기는 방법의 하나였어요. 이 방법을 이용하여 직접 오르골을 만들어 표현해 볼까요?

2. 만들어 보아요.

 무엇을 만드나요?

작동 영상

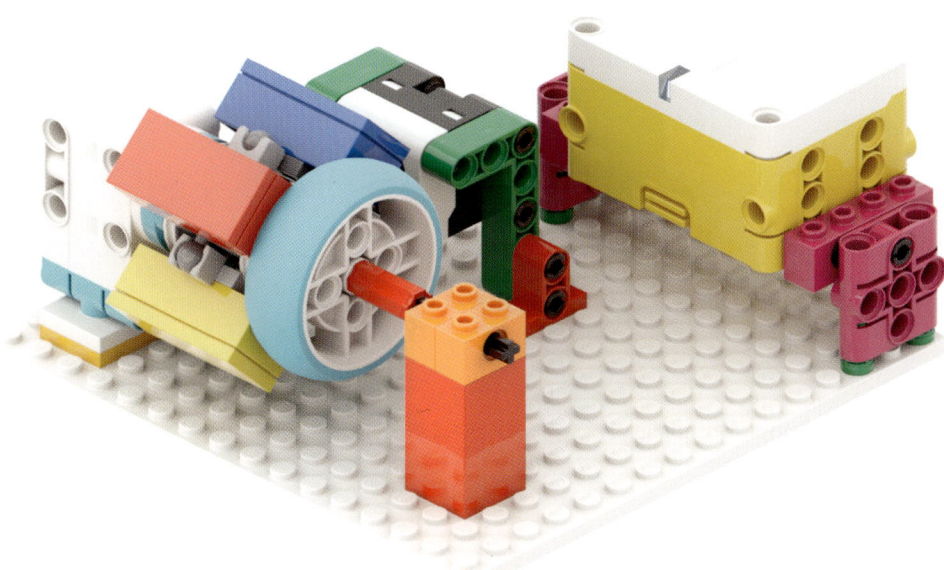

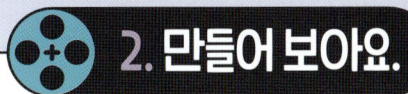 이렇게 만들어요.

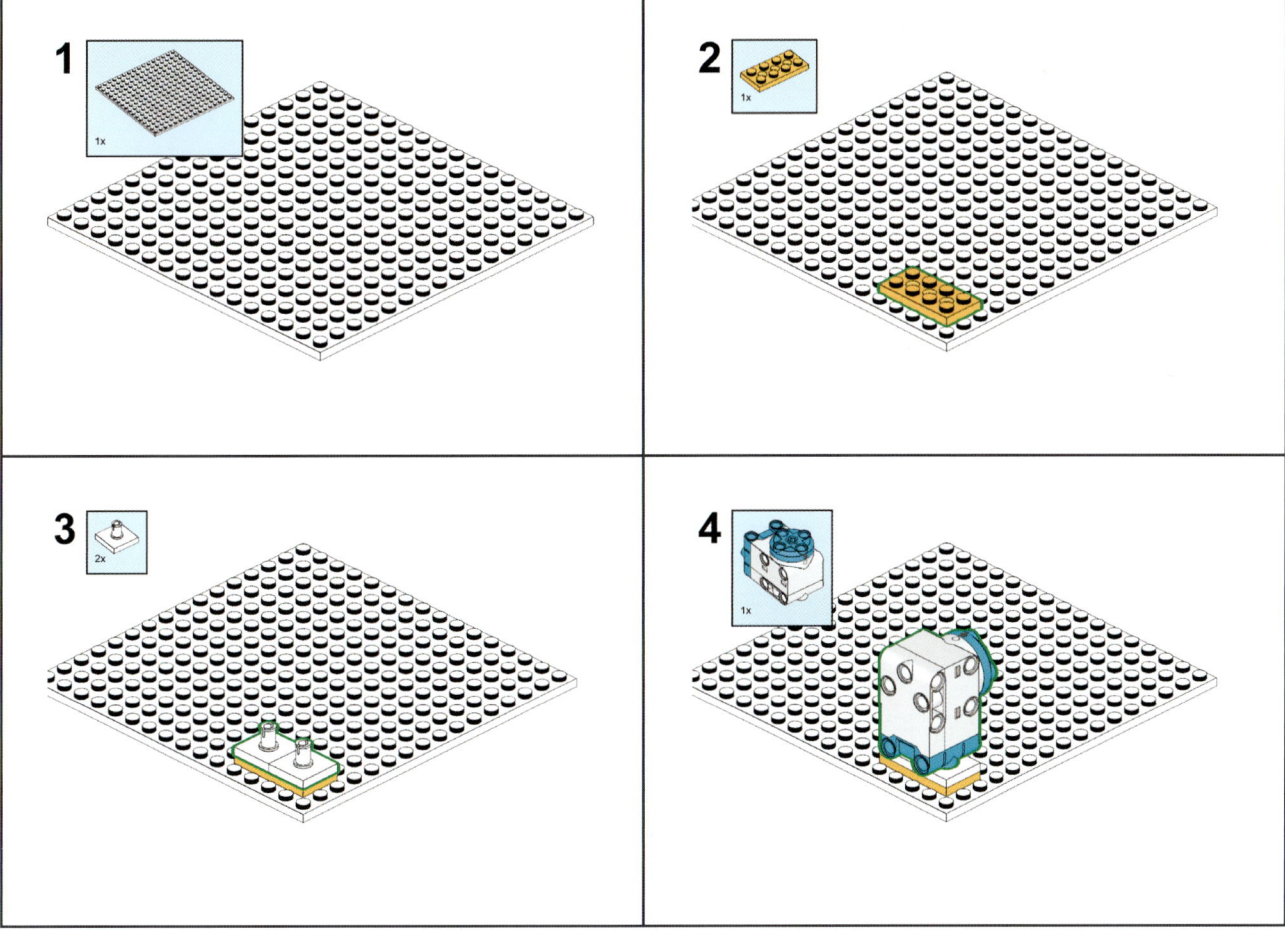

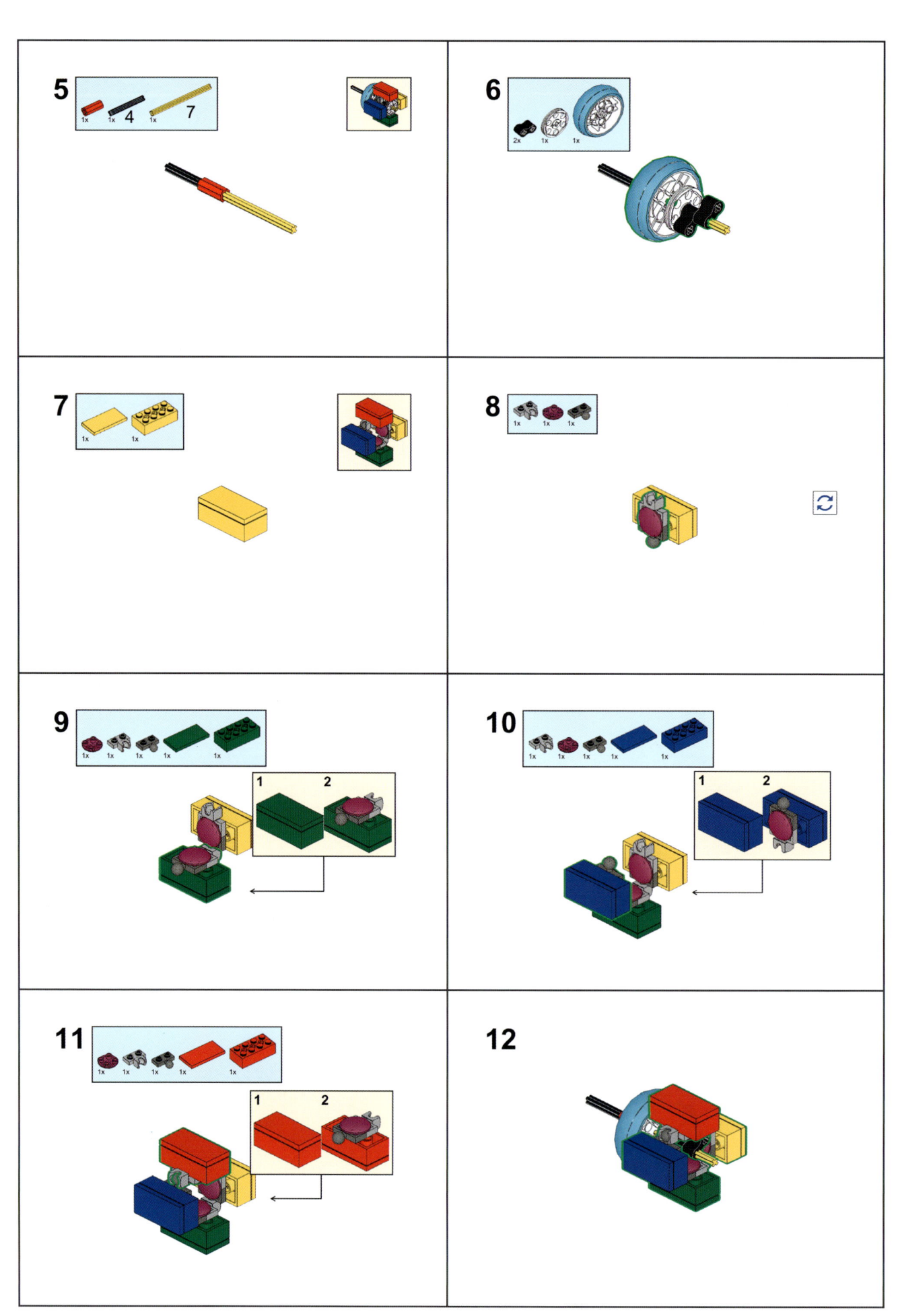

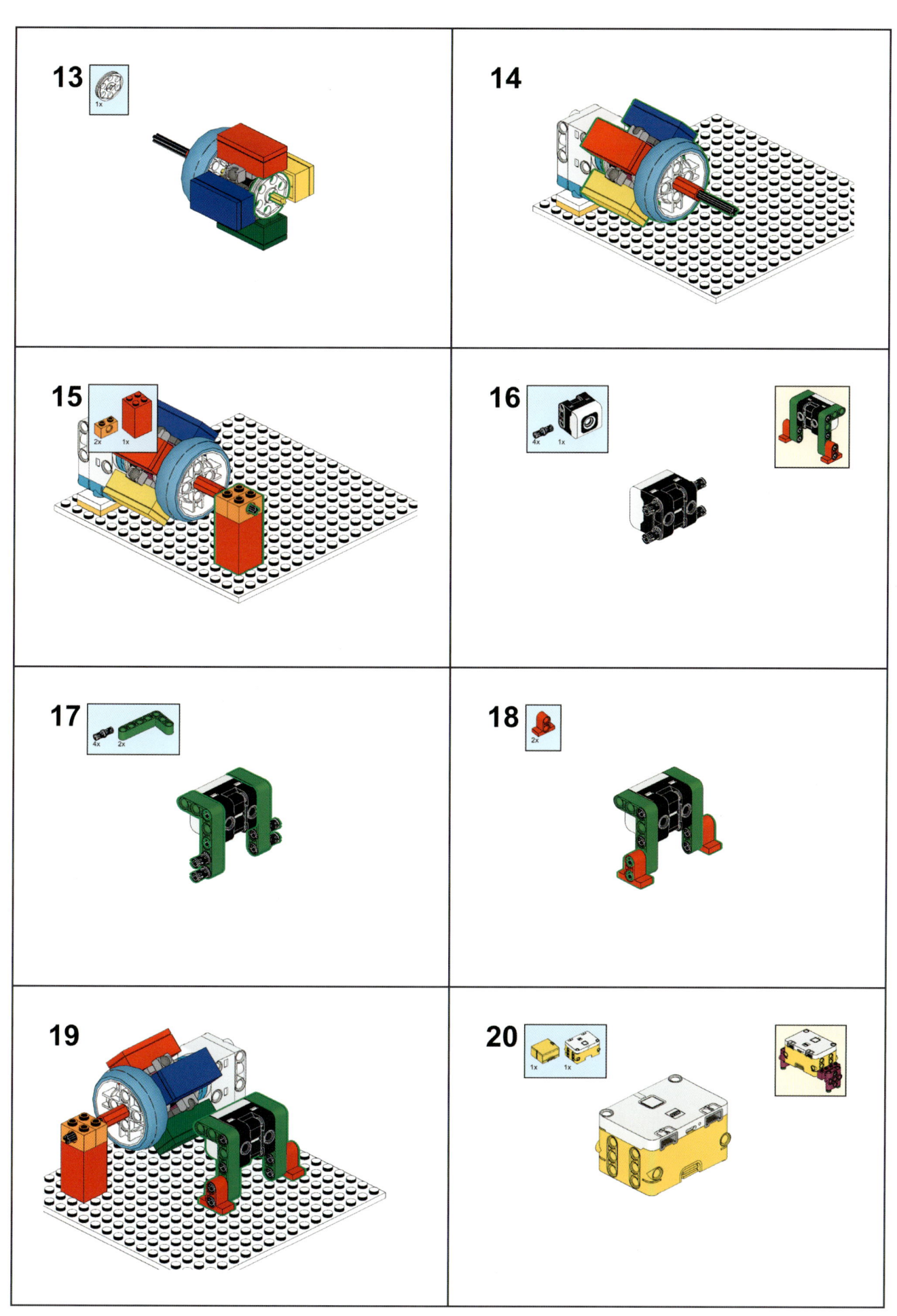

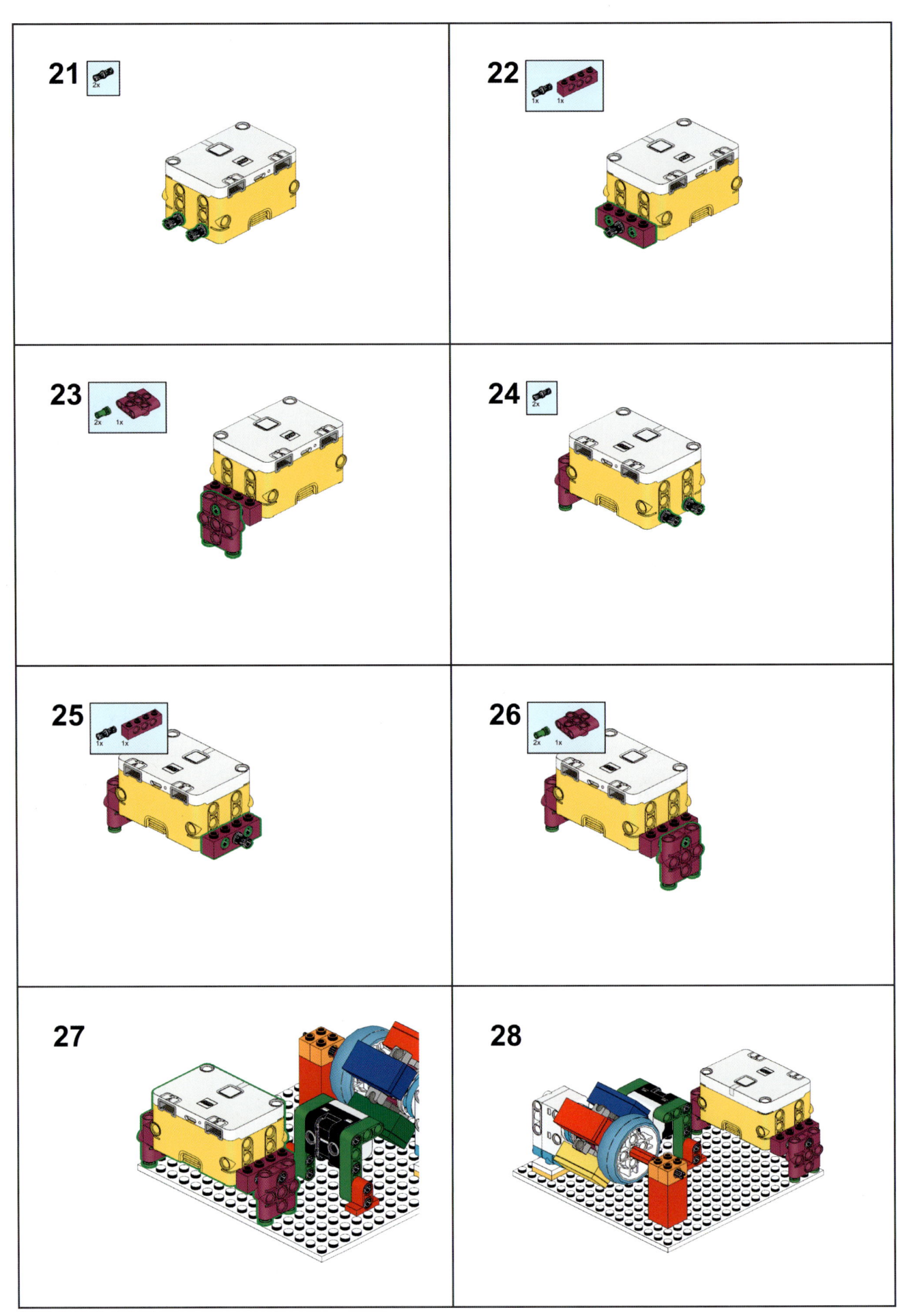

어떻게 움직일까요?

원통이 천천히 돌아가면 좋겠어요.

원통의 빨간색이 나타나면 '도' 음을 내면 좋겠어요.

원통의 빨간색이 나타날 때, 빨간색으로 빛나면 좋겠어요.

3. 프로그래밍 해요.

1. **이벤트** 시작한다.
2. **모터** A 모터의 속도를 10%로 설정한다.
3. **모터** A 모터를 시계 방향으로 작동시킨다.

1. **이벤트** B 컬러 센서가 빨간색일 때 시작한다.
2. **음악** 악기를 '피아노'로 설정한다.
3. **음악** '도' (60번) 음을 1박자로 연주한다.

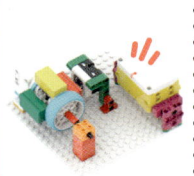

1. **이벤트** B 컬러 센서가 빨간색일 때 시작한다.
2. **라이트** 가운데 버튼 라이트를 빨간색으로 정한다.

4. 문제를 해결해요.

> 프로그램이 시작하면, 오르골 원통이 천천히 돌아가요.
> 원통의 빨간색이 나타나면, '도' 음을 1박자 연주하고,
> 빨간색으로 빛나면 좋겠어요.

이렇게 작동해요.

작동 알고리즘

1. 시작한다.
2. 오르골의 회전 속도를 설정한다.
3. 오르골의 소리를 피아노로 설정한다.
4. 모터가 시계 방향으로 작동한다.
5. 만약 오르골의 컬러 센서에 빨간색을 만난다면,
   - 5-1 허브의 가운데 색상을 빨간색으로 정한다.
   - 5-2 '도' 음을 1박자로 연주한다.
6. 5를 계속 반복하며 연주한다.

이렇게 프로그래밍해요.

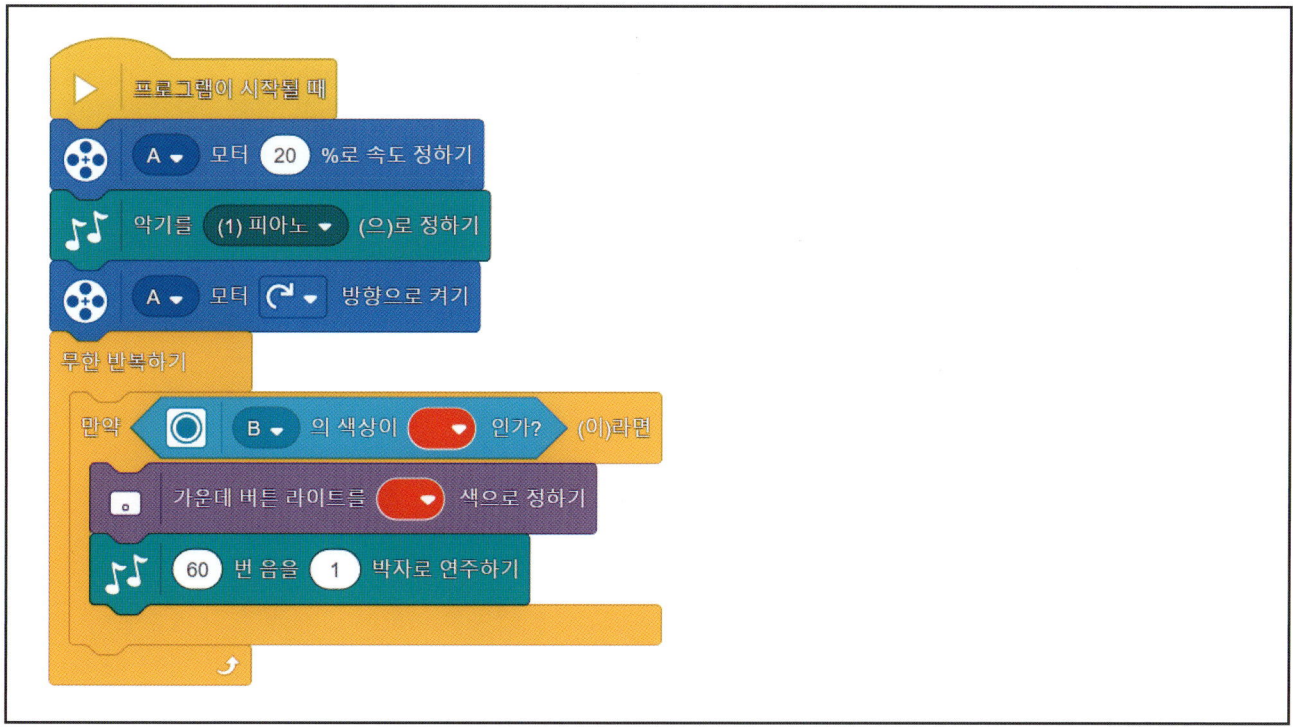

5. 도전해요.

 다른 색깔에는 다른 음이 연주되면 좋겠어요.

 오르골을 기울이면, 시작을 알리는 소리를 내고, 오르골이 연주를 시작했으면 좋겠어요.

알고리즘

[작동 알고리즘] 변경

〈1 ~ 5〉 동일함.

6 만약 오르골의 컬러 센서에 노란색을 만난다면,
6-1 허브의 가운데 색상을 노란색으로 정한다.
6-2 '미' 음을 1박자로 연주한다.
7 5-6을 계속 반복하며 연주한다.

TIP 초록색과 파란색도 음을 추가해 보세요!

프로그래밍 + 디버깅

- 프로그램이 시작될 때
- A ▼ 모터 20 %로 속도 정하기
- 악기를 (1) 피아노 ▼ (으)로 정하기
- A ▼ 모터 ↻ ▼ 방향으로 켜기
- 무한 반복하기
  - 만약 B ▼ 의 색상이 ● 인가? (이)라면
    - 가운데 버튼 라이트를 ● 색으로 정하기
    - 60 번 음을 1 박자로 연주하기
  - 만약 B ▼ 의 색상이 ○ 인가? (이)라면
    - 가운데 버튼 라이트를 ○ 색으로 정하기
    - 64 번 음을 1 박자로 연주하기

위의 [작동 알고리즘]에서
추가 및 변경

❶ 허브를 뒤로 기울일 때 시작한다.

1-1 사운드('Coin')을 끝까지 재생한다.

추가 [종료 알고리즘]

❶ 허브를 가운데로 기울일 때 시작한다.

❷ 모두 멈춘다.

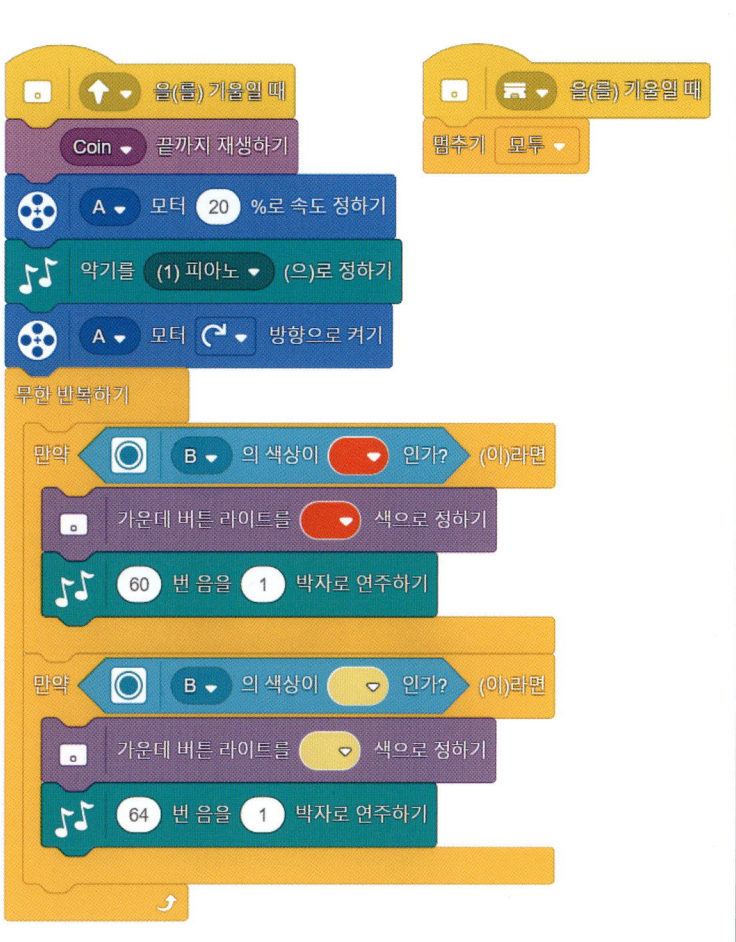

3단원. 크리에이터

3-4 댄스 로봇

 1. 이야기 속으로 들어가요.

춤은 우리의 기분을 표현하는 독특한 방법이에요. 신나고 기쁠 때, 심지어 슬플 때도 춤을 통해 우리의 감정을 나타낼 수 있어요.

사람들이 함께 춤을 추는 것은 마치 초콜릿을 나눠 먹는 것 같아요. 초콜릿을 나누어 먹으면, 그 즐거움이 더 커지잖아요. 춤을 추는 것도 마찬가지랍니다. 사람들이 모여서 춤을 추면, 그 즐거움이 전달되며 더 커집니다.

그리고 공연을 보는 것은 마치 책을 읽는 것과 비슷해요. 춤을 추는 공연에도 우리가 경험하지 못한 이야기가 들어 있어요. 공연 속 배우들이 표현하는 이야기를 경험하며, 감동도 받게 됩니다. 공연을 보는 것은 새로운 세상을 만나는 것과 같아요.

우리의 경험으로 춤을 추는 로봇을 만들어 표현해 볼까요?

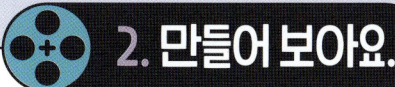

2. 만들어 보아요.

무엇을 만드나요?

작동 영상

이렇게 만들어요.

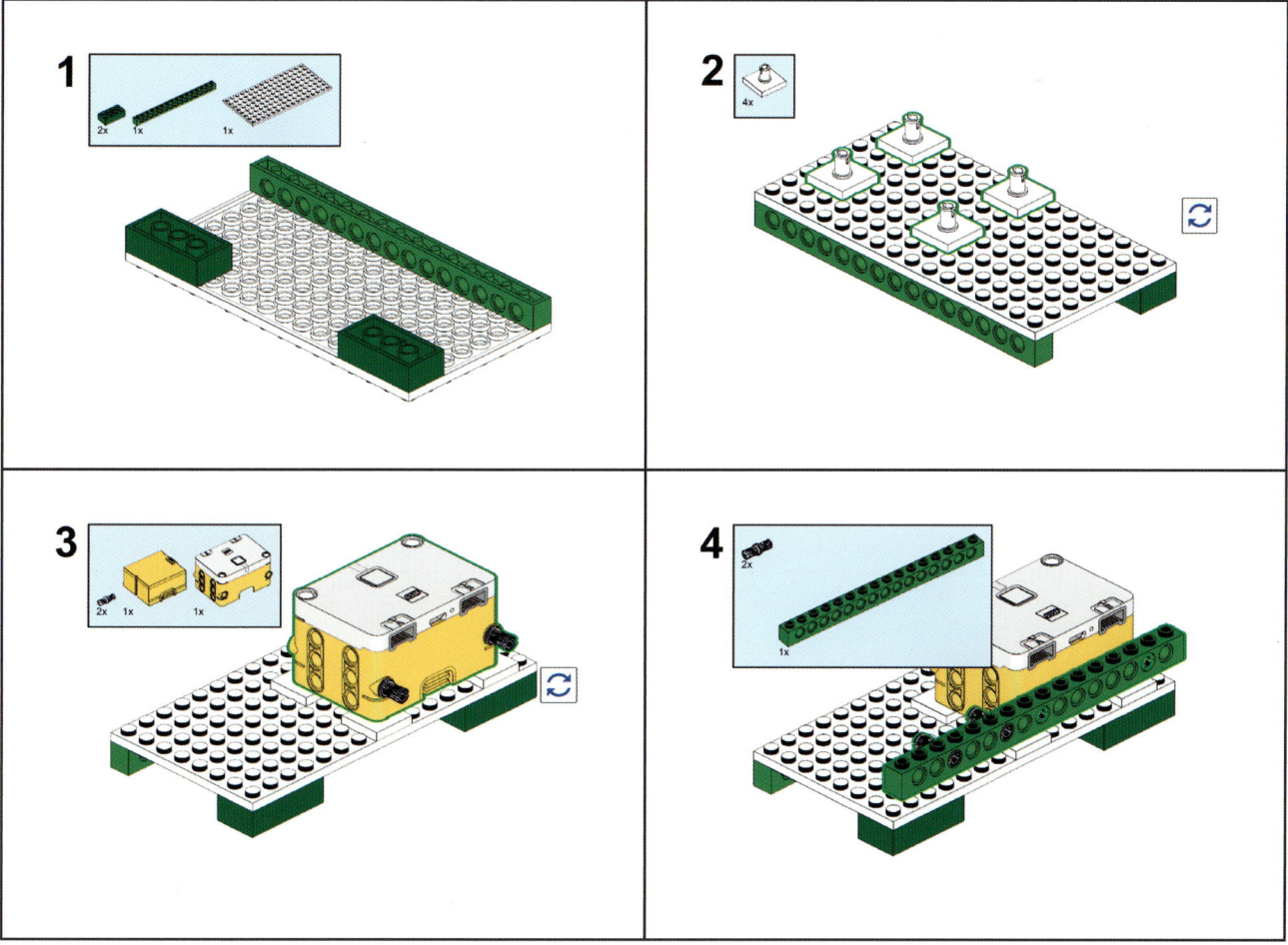

103

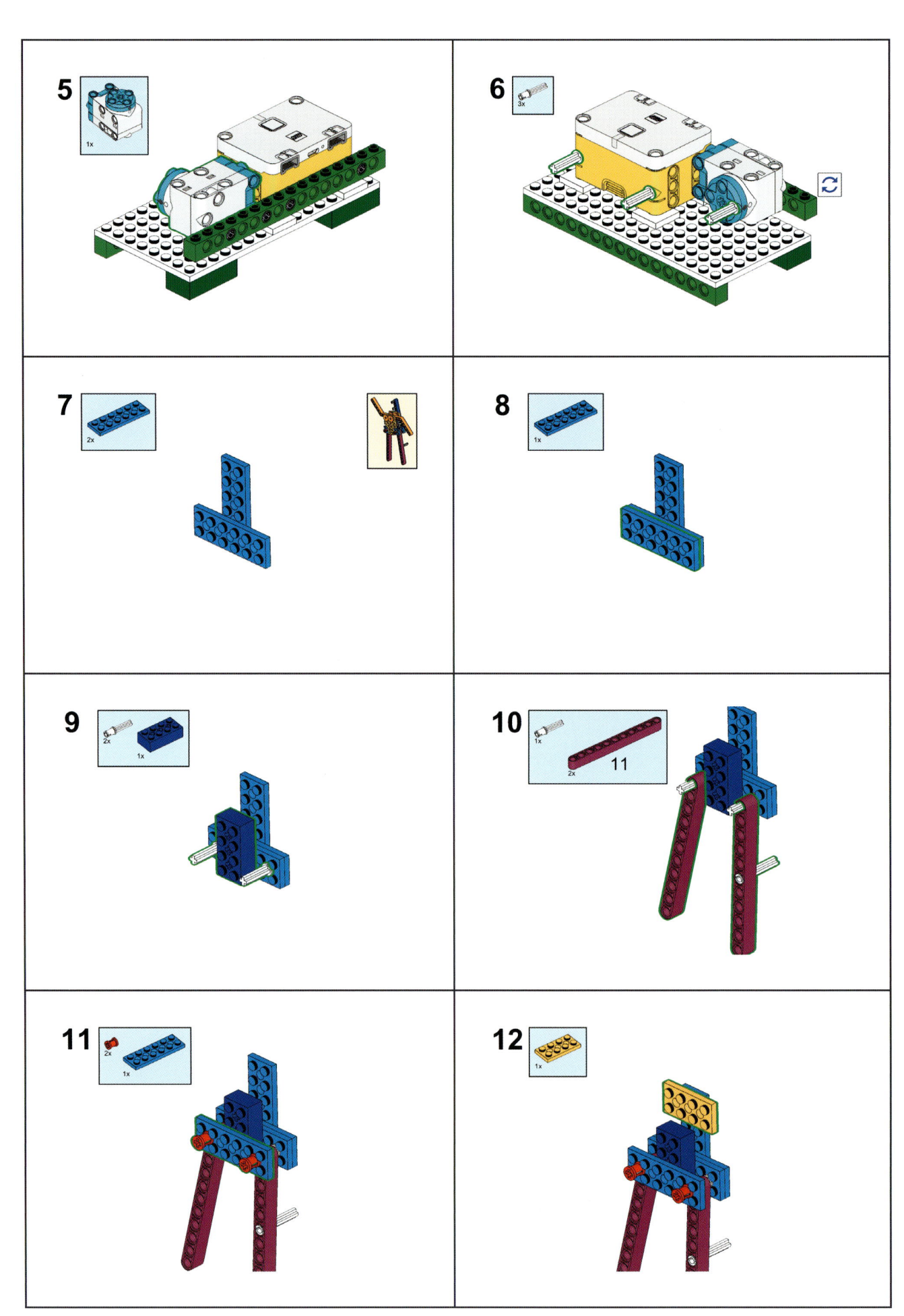

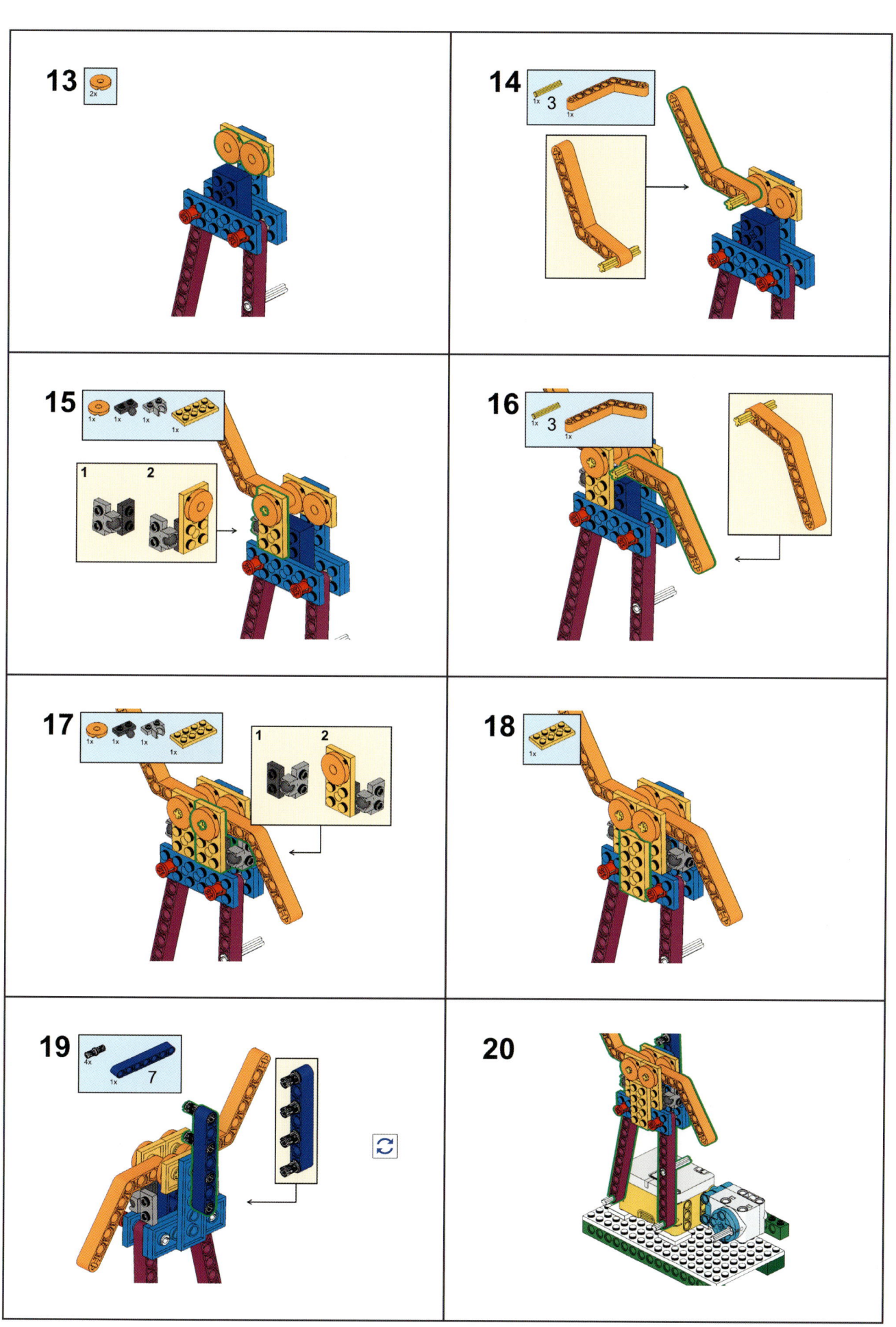

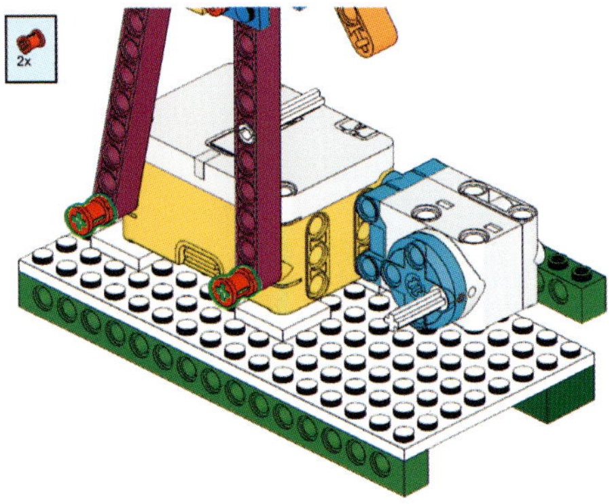

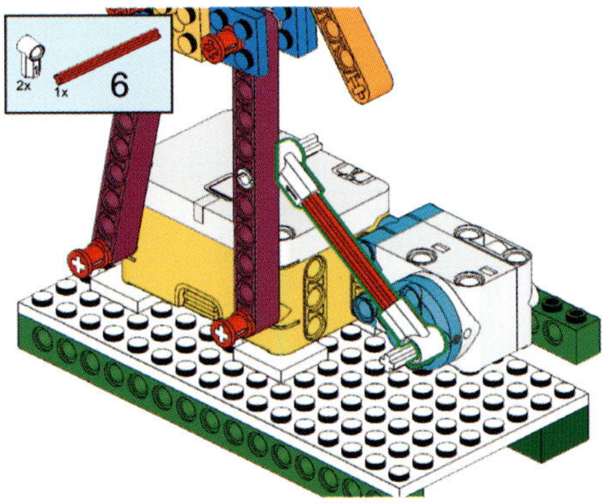

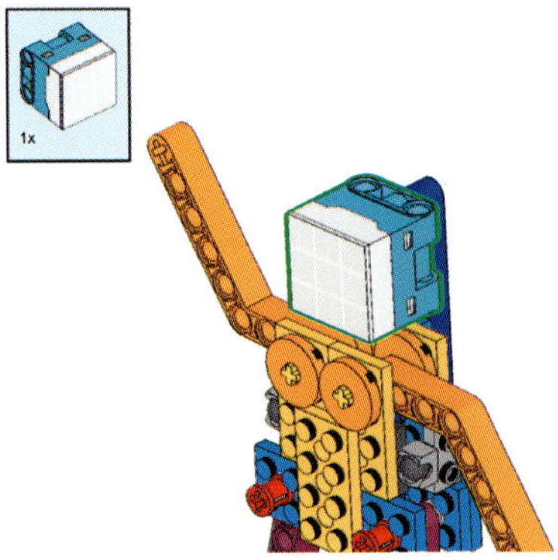

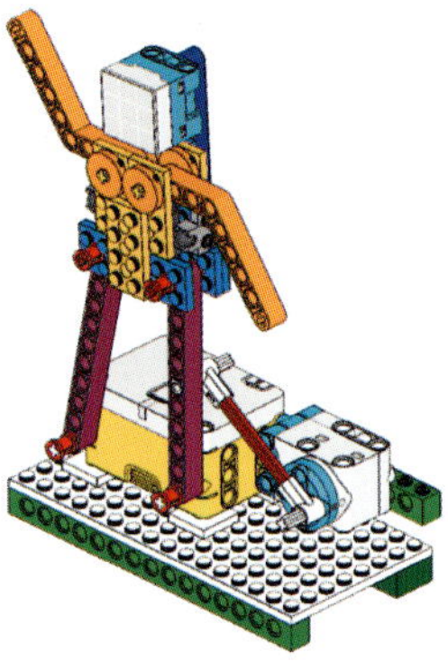

3. 프로그래밍 해요.

❶ **이벤트** 시작한다.
❷ **모터** A 모터의 속도를 75%로 설정한다.
❸ **모터** A 모터를 최단 경로로 0도까지 이동한다.
❹ **모터** A 모터를 시계 방향으로 1회전만큼 작동시킨다.
❺ **제어** 4를 무한 반복한다.

[작동 프로그램]
❶ **제어** '메시지 1'로 신호를 보낸다.

[사운드 프로그램]
❶ **이벤트** 메시지 1 신호를 받았을 때 시작한다.
❷ **사운드** 사운드('House Music')을 끝까지 재생한다.
❸ **제어** 2를 무한 반복한다.

❶ **이벤트** 시작한다.
❷ **사운드** 사운드('Connect')를 재생한다.
❸ **라이트** B 라이트 매트릭스를 노란색으로 켠다.
❹ **제어** 1초 기다린다.

4. 문제를 해결해요.

프로그램이 시작하면, 연결된 소리가 나고 빛이 나며 준비해요.
준비 후, 로봇이 좌우로 움직여요.
로봇이 움직이는 동안 신나는 노래가 나오면 좋겠어요.

이렇게 작동해요.

작동 알고리즘	사운드 알고리즘
① 시작한다.	① (메시지 1) 신호를 받았을 때
②-③ 댄스 로봇에서 준비 소리와 빛이 난다.	② 신나는 노래가 끝까지 나온다.
④ 댄스 로봇의 속도를 설정한다.	③ 2를 무한 반복한다.
⑤ 댄스 로봇의 시작 자세를 잡는다.	
⑥ 1초 기다린다.	
⑦ 사운드를 실행하도록 메시지를 보낸다.	
⑧ 댄스 로봇이 춤을 춘다.	
⑨ 춤추는 것(8)을 무한 반복한다.	

이렇게 프로그래밍해요.

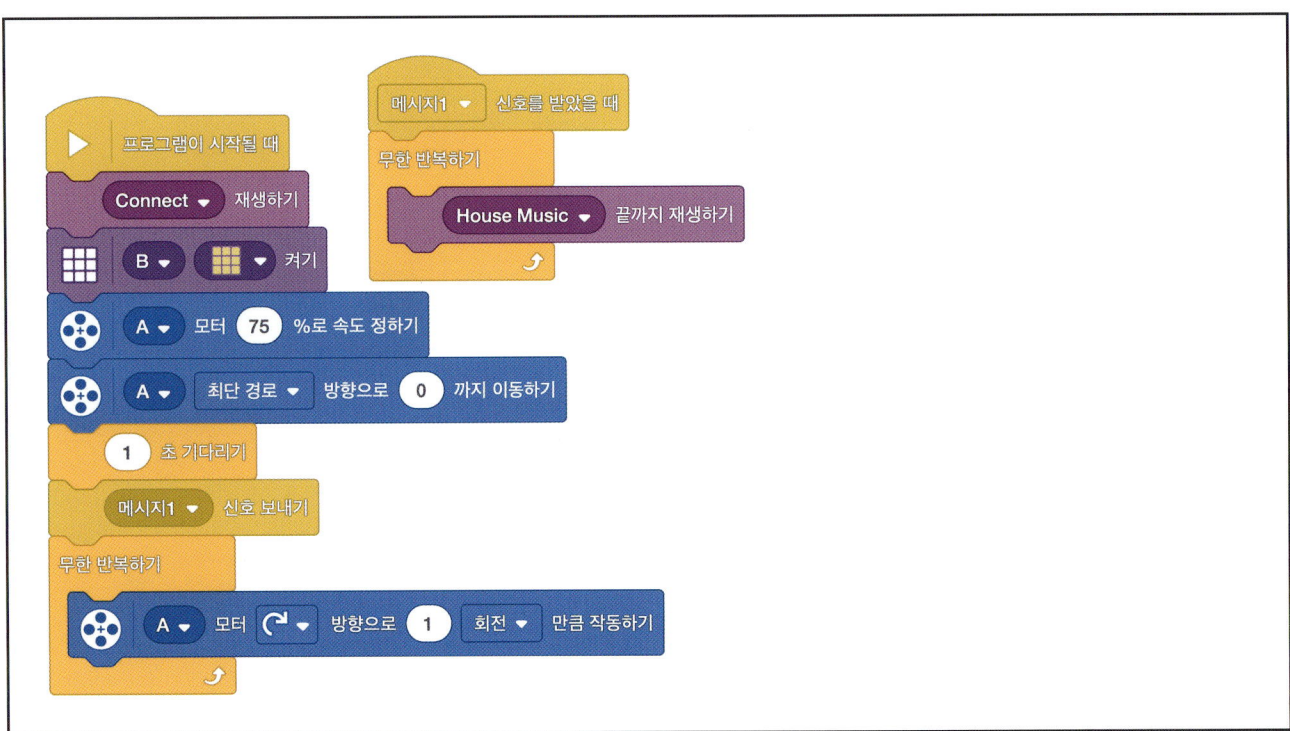

5. 도전해요.

 로봇이 오른쪽, 왼쪽 자유롭게 춤을 추면 좋겠어요.

 로봇의 얼굴이 여러 가지 빛으로 반짝이면 좋겠어요.

알고리즘	프로그래밍 + 디버깅
[작동 알고리즘]에서 변경 ❽ 회전하는 각도를 랜덤하게 변경시켜 자유롭게 춤을 추게 한다.	
위의 [작동 알고리즘]에 추가 **추가** [라이트 알고리즘] ❶ 메시지 1을 받았을 때, 시작한다. ❷ 라이트 매트릭스의 위치 및 색상을 자유롭게 켜지도록 한다. ❸ 0.1초 기다린다. ❹ 2-3을 무한 반복한다.	

109

4단원. 이노베이터

4-1 스마트 조명

1. 이야기 속으로 들어가요.

　스마트 조명은 인터넷으로 연결된 조명입니다. 사물인터넷(IoT)이라고 하지요. 스마트 조명은 센서가 주변 환경을 감지하고 조명의 밝기나 색상을 바꿀 수 있어요. 설치된 소프트웨어가 그 기능을 해줍니다.

　스마트 조명은 인터넷으로 스마트폰에 연결하여 사용할 수 있어요. 스마트 조명을 관리할 수 있는 앱을 설치하면, 목소리로 명령도 할 수 있고 언제 어디서든 조명을 관리할 수 있지요. 스마트폰에서 시간에 따라 켜고 끄도록 미리 설정해 놓으면 자동으로 관리할 수 있어 편리합니다.

　우리도 이런 기능들을 사용할 수 있는 스마트 조명을 만들어 볼까요?

2. 만들어 보아요.

무엇을 만드나요?

작동 영상

이렇게 만들어요.

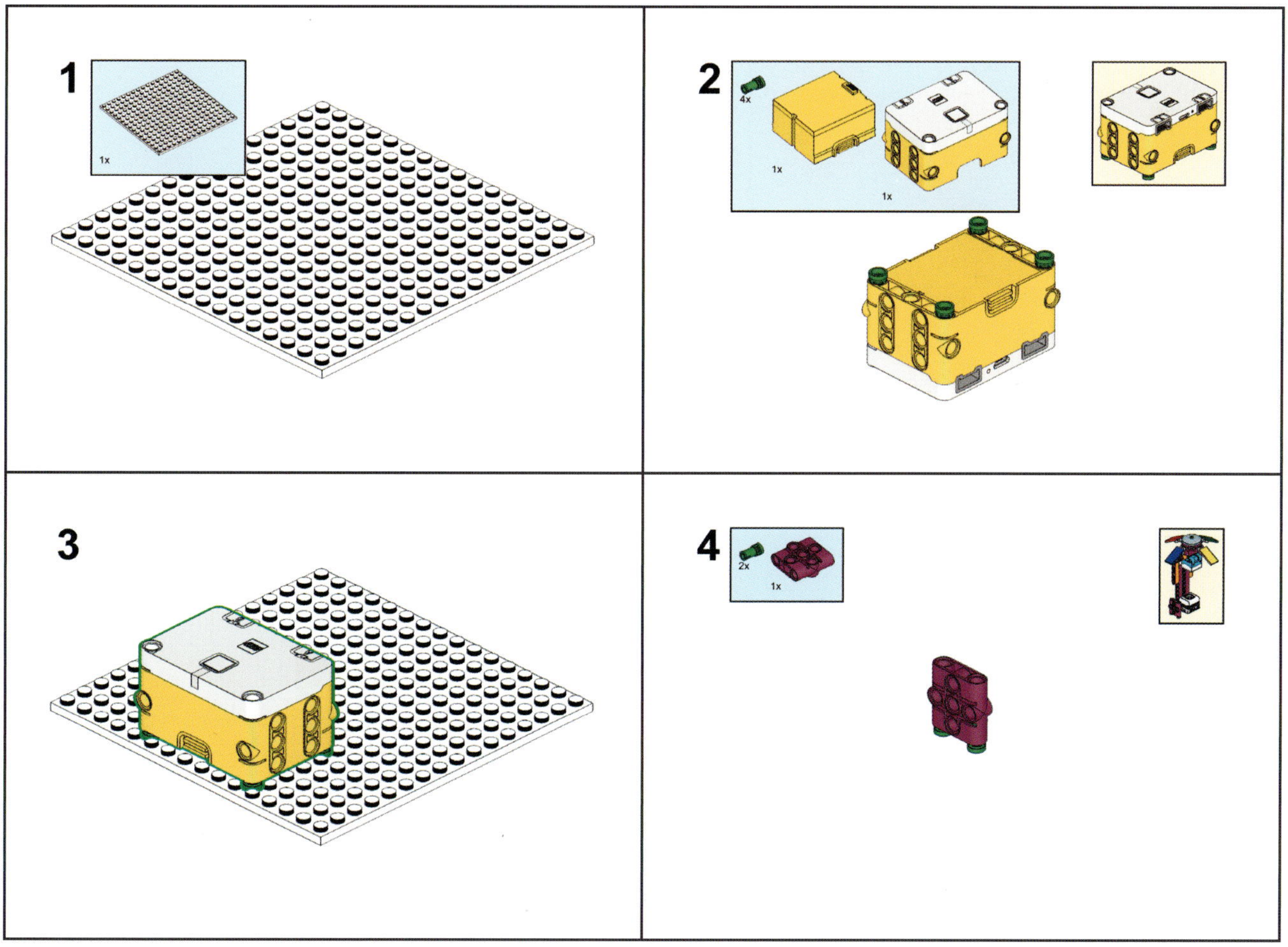

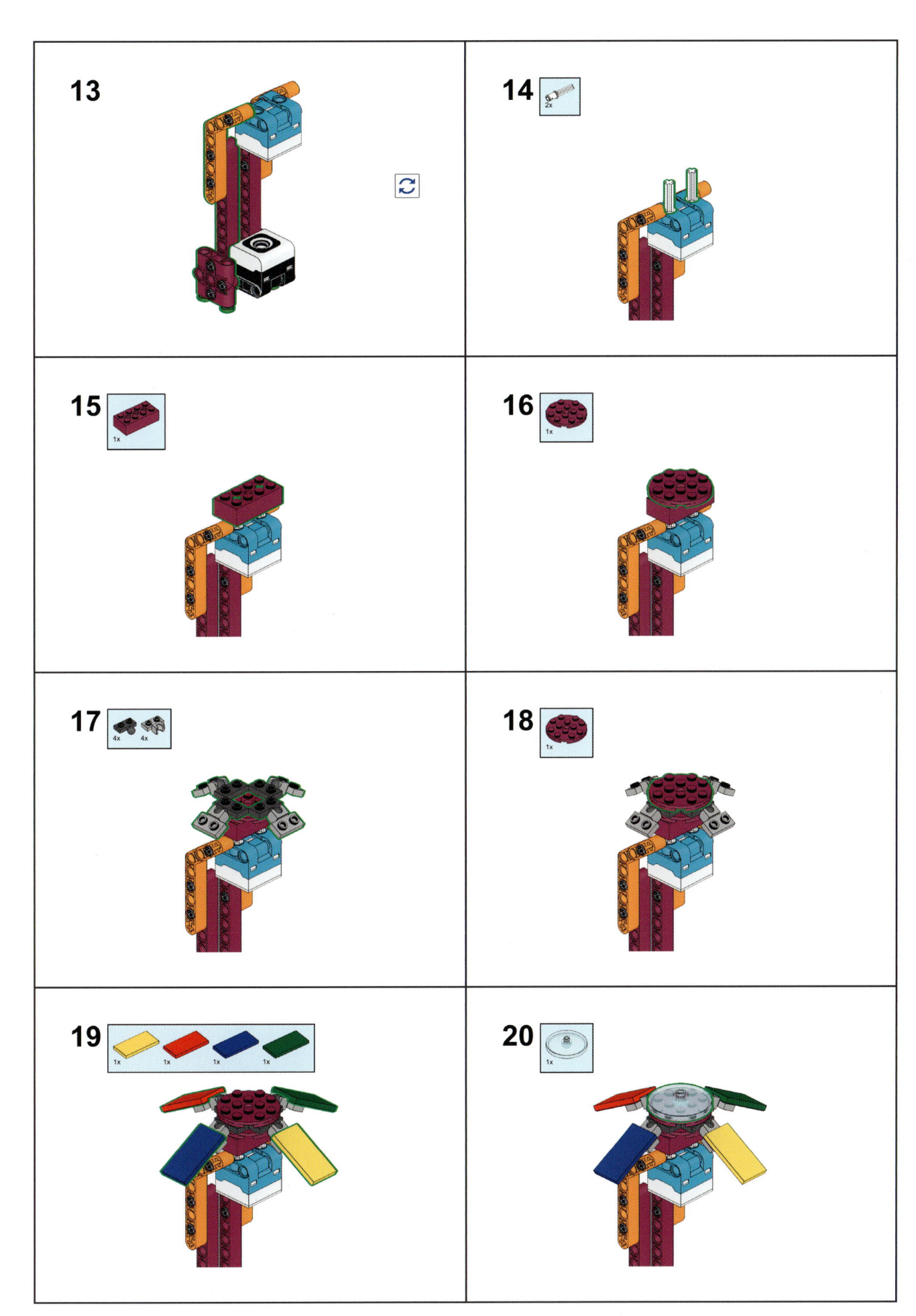

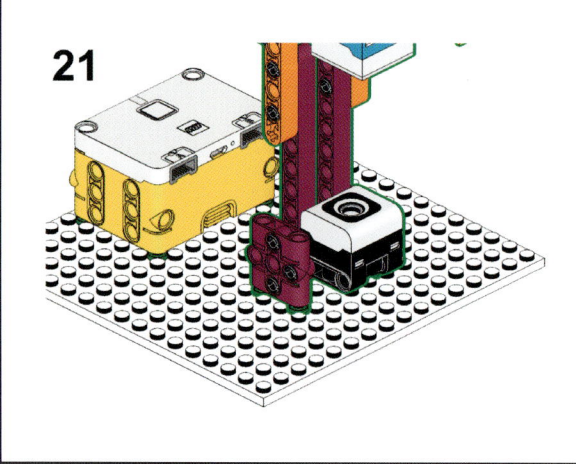
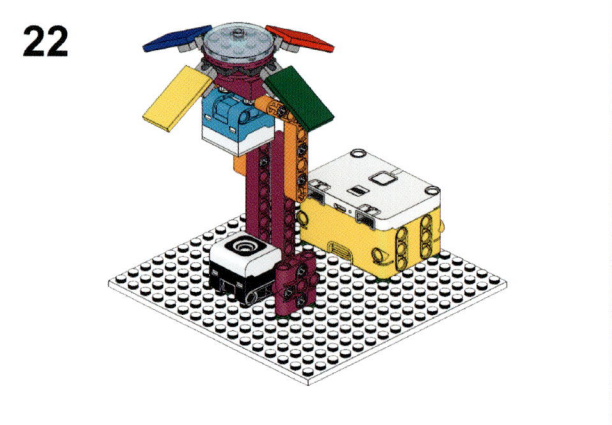

어떻게 움직일까요?

빛이 켜진 후 점점 어두워지면 좋겠어요.

조명을 켜기 전에는 꺼져있으면 좋겠어요.

스위치를 켜면 소리가 나면서 조명이 켜지면 좋겠어요.

2. 프로그래밍 해요.

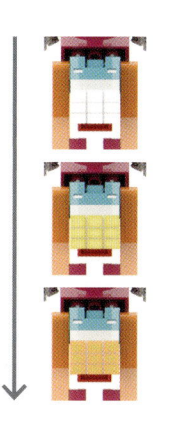

1. **이벤트** 시작한다.
2. **라이트** A 라이트 매트릭스에 흰색을 2초 동안 켠다.
3. **라이트** A 라이트 매트릭스에 노란색을 2초 동안 켠다.
4. **라이트** A 라이트 매트릭스에 주황색을 2초 동안 켠다.
5. **라이트** A 라이트 매트릭스를 끈다.

1. **이벤트** 시작한다.
2. **라이트** A 라이트 매트릭스를 끈다.
3. **제어** **센서** B 컬러 센서가 빨간색일 때까지 기다린다.
4. **라이트** A 라이트 매트릭스에 노란색을 켠다.

[사운드 프로그램]
1. **이벤트** 시작한다.
2. **사운드** 사운드 ('Connect')를 재생한다.
3. **이벤트** 메시지 1 신호를 보낸다.

[라이트 프로그램]
1. **이벤트** 메시지 1 신호를 받았을 때 시작한다.
2. **라이트** A 라이트 매트릭스에 노란색을 켠다.

4. 문제를 해결해요.

시작하면 조명이 꺼져있어요.
빨간색을 올리면, 시작한다는 소리가 나요.
처음에는 밝게 흰색 빛이 나고, 다음엔 노란색,
다음엔 주황색 빛으로 점점 어두워지다가 빛이 꺼져요.

이렇게 작동해요.

초기화 알고리즘	작동 알고리즘	라이트 알고리즘
① 시작한다. ② 라이트 매트릭스를 끈다.	① 컬러 센서에 빨간색이 감지되면 시작한다. ② 연결 소리를 낸다. ③ 연결 소리가 끝나면 조명을 켤 수 있도록 메시지를 보낸다.	① 메시지를 받으면 시작한다. ② 흰색을 2초간 켠다. ③ 노란색을 2초간 켠다. ④ 주황색을 2초간 켠다. ⑤ 라이트 매트릭스를 끈다.

이렇게 프로그래밍해요.

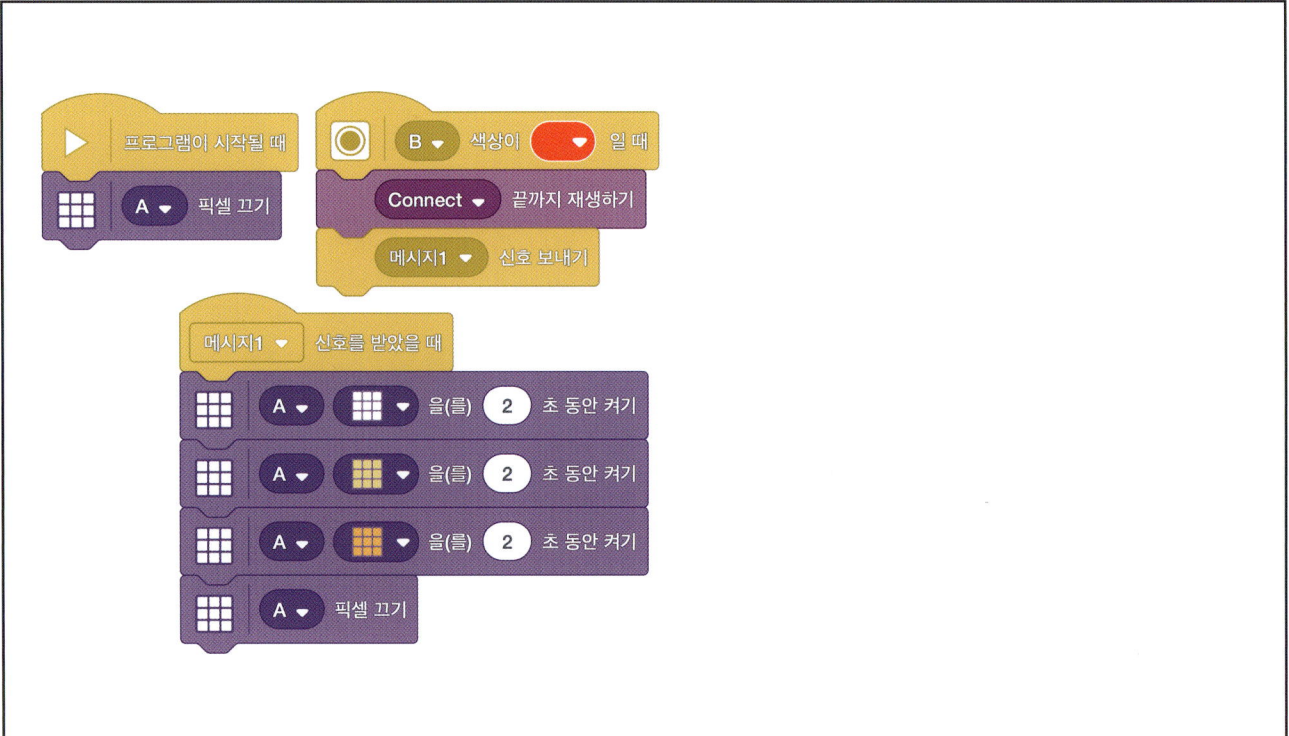

 시작하면 조명이 꺼지고, 빨간색을 올리면 시작 소리가 나고, 3초마다 조명이 어두워지면 좋겠어요.

 파란색을 올리면 시작 소리가 나고, 5초마다 조명이 어두워지면 좋겠어요.

알고리즘	프로그래밍 + 디버깅

[초기화 알고리즘]에서 변경

❸ 시간을 0으로 설정한다.

[작동 알고리즘]에서 변경

2-1 작동 시간을 3초로 설정한다.

[라이트 알고리즘]에서 변경

❷ 흰색을 작동시간만큼 켠다.
❸ 노란색을 작동시간만큼 켠다.
❹ 주황색을 작동시간만큼 켠다.

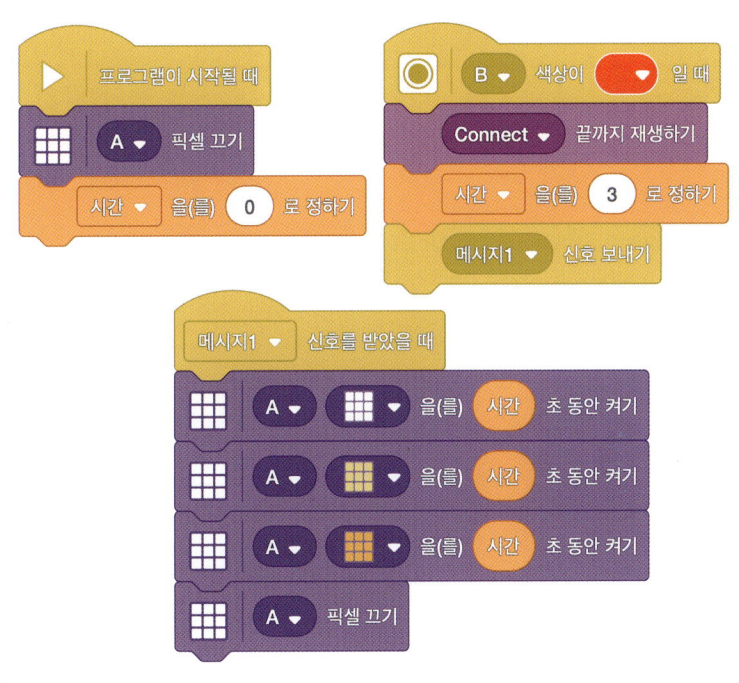

위의 [작동 알고리즘]에 추가

추가 [작동(Blue) 알고리즘]
(작동 알고리즘을 복사 + 붙여넣기)

❶ B 컬러 센서가 파란색을 받았을 때, 시작한다.

4단원. 이노베이터

4-2 사랑 가득 저금통

 1. 이야기 속으로 들어가요.

저금통은 돈을 모아두는 상자에요. 이 작은 상자에 돈을 넣어 보관하면, 우리가 나중에 사용할 수 있답니다.

저금통을 사용하는 이유는 여러 가지가 있어요. 먼저, 돈을 모아서 우리가 원하는 물건을 살 수 있어요. 또한 꼭 필요한 경험에 비용으로 사용할 수 있어요. 저금통은 우리의 돈을 모으고 아끼는 데 도움을 주는 중요한 도구예요.

돈을 넣을 때마다 얼마나 모았는지 기록하면 더욱 즐겁게 저축할 수 있어서 좋아요. 이렇게 저금통을 이용해 돈을 모으는 경험으로 우리는 돈을 어떻게 사용하는지에 대한 태도를 배울 수 있고, 저축이 중요하다는 것을 알 수 있어요.

저금통을 통해 저축하는 습관이 중요해요. 앞으로도 돈을 지혜롭게 다루고, 저금통을 통해 꾸준히 저축해 나가는 우리가 되길 바랍니다. 그럼, 다 같이 만들어볼까요?

2. 만들어 보아요.

무엇을 만드나요?

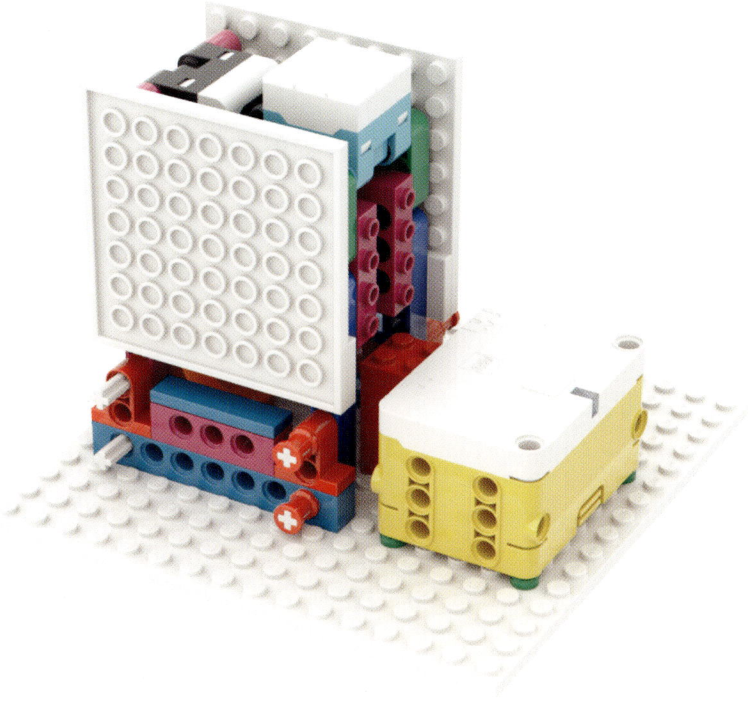

작동 영상

이렇게 만들어요.

1

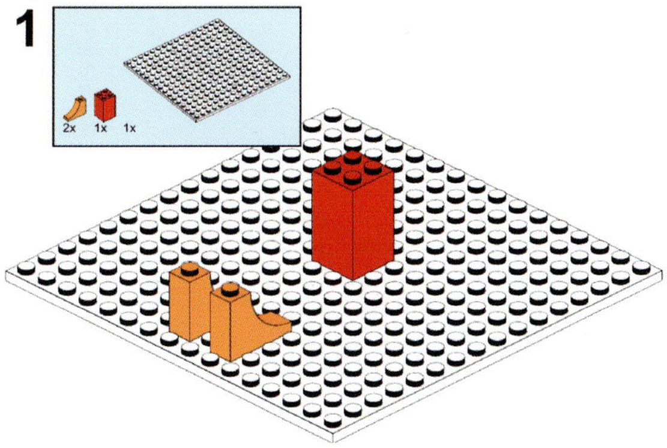

2

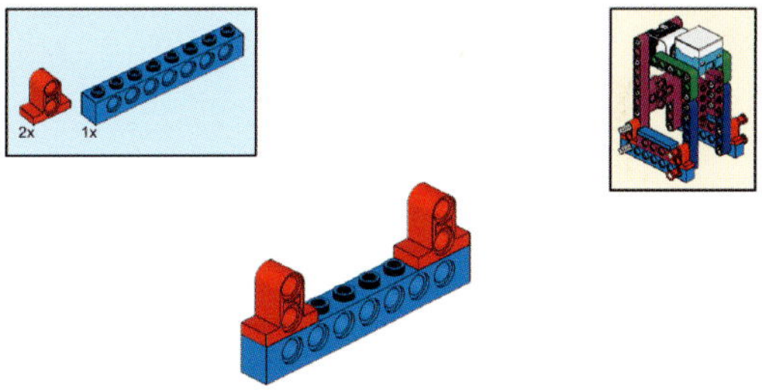

3

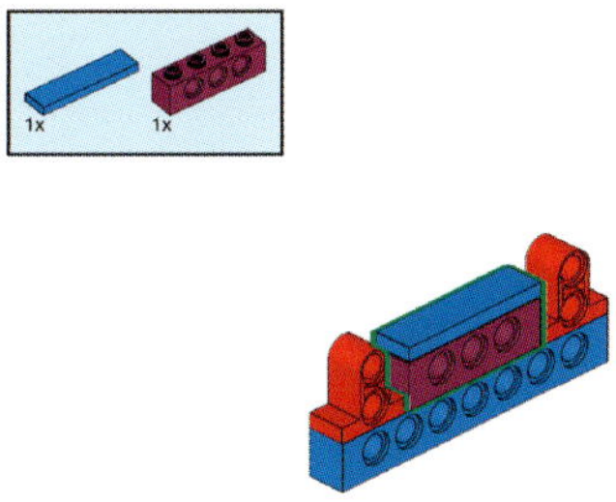

4

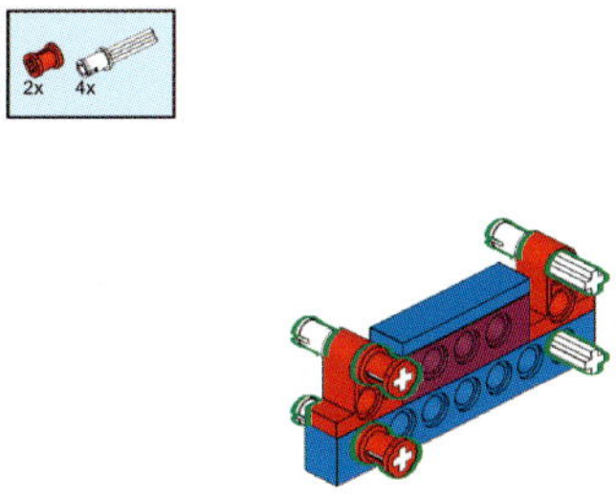

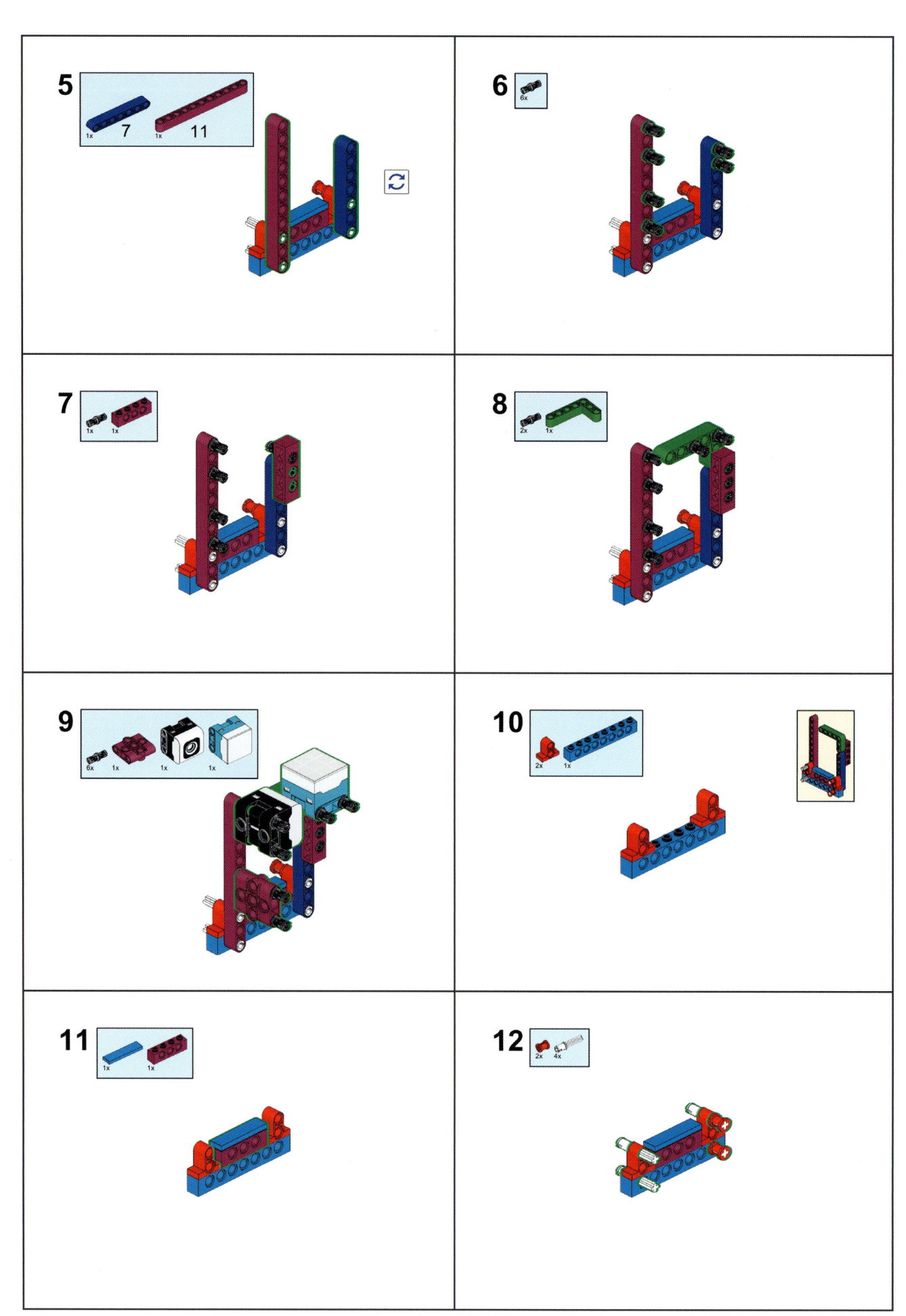

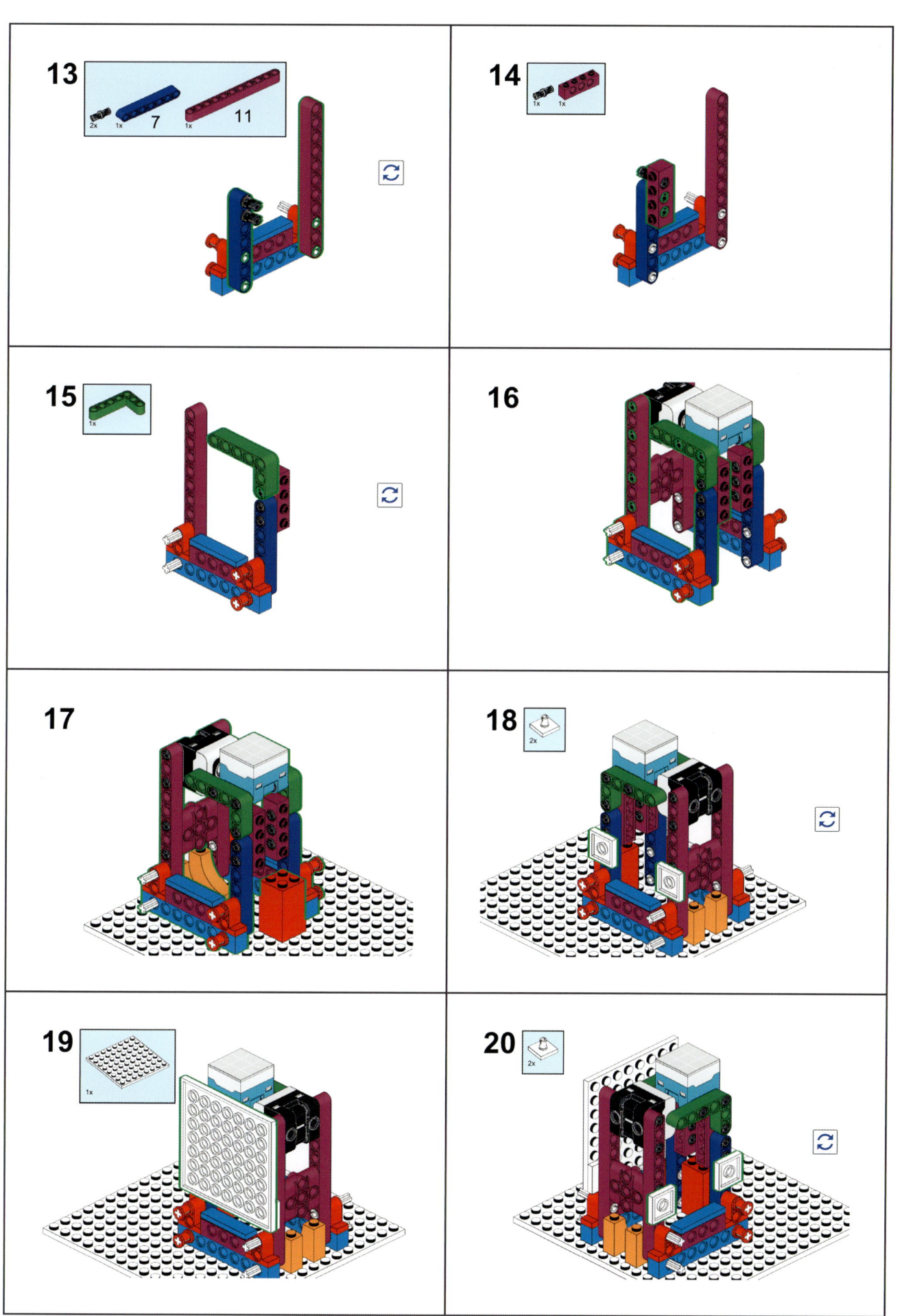

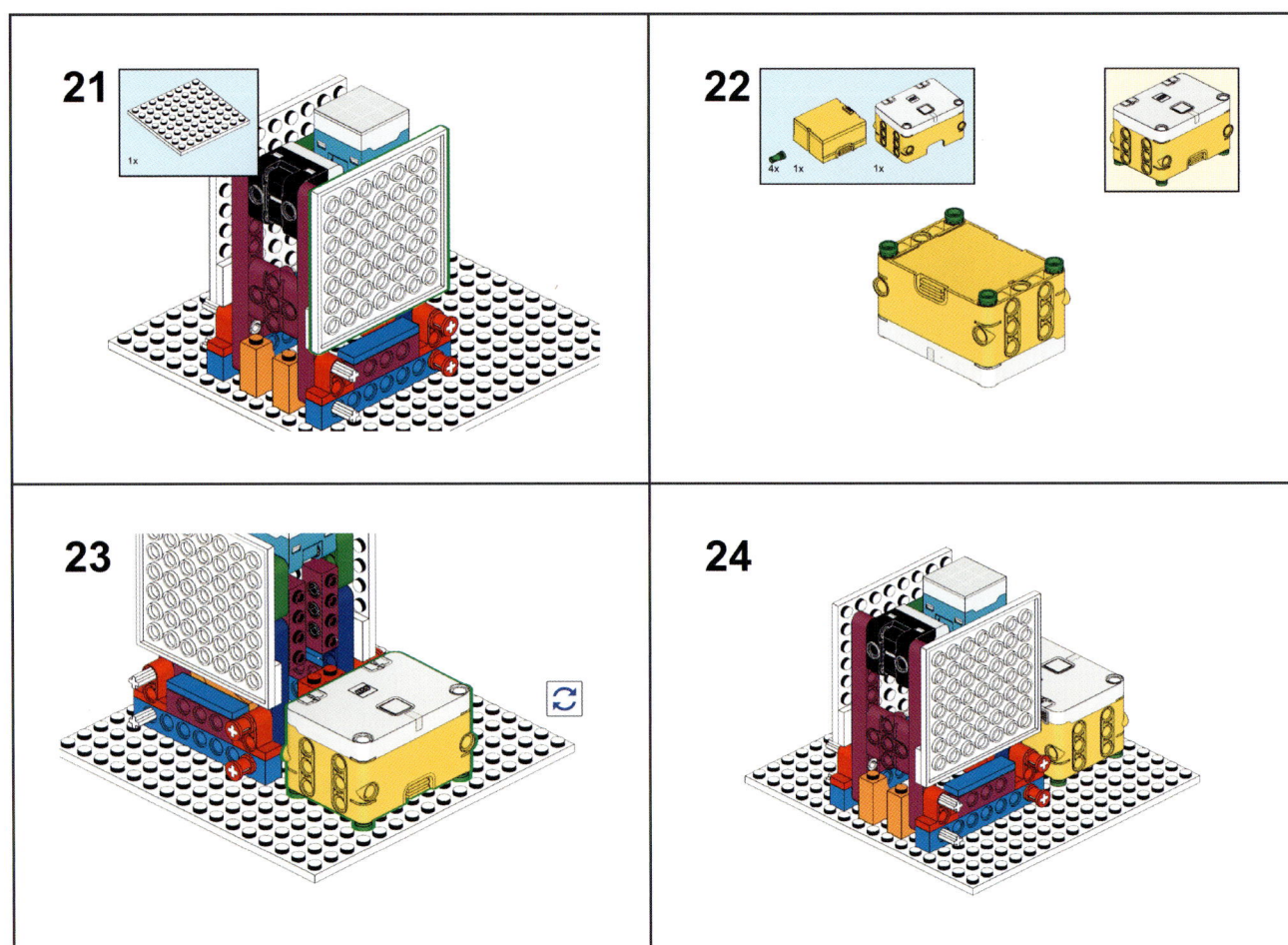

어떻게 움직일까요?

동전을 넣으면, 소리가 나면 좋겠어요.

사람들 눈에 잘 보이도록 빛이 나고 있다가, 동전을 넣으면 더 밝게 빛나면 좋겠어요.

동전을 넣으면 숫자가 올라가면 좋겠어요.

3. 프로그래밍 해요.

1. **이벤트** 시작한다.
2. **제어** **연산** **센서** 만약 B 컬러 센서가 하늘색이 아닌 경우 실행한다.
3. **사운드** 사운드('Coin')을 끝까지 재생한다.
4. **제어** 1초 동안 기다린다.
5. **제어** 2-4를 무한 반복한다.

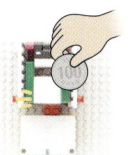

1. **이벤트** 시작한다.
2. **라이트** A 라이트 매트릭스에 하늘색을 켠다.
3. **제어** **연산** **센서** 만약 B 컬러 센서가 하늘색이 아닌 경우까지 기다린다.
4. **라이트** A 라이트 매트릭스에 흰색을 1초 동안 켠다.
5. **제어** 2-4를 무한 반복한다.

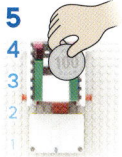

1. **이벤트** 시작한다.
2. **변수** 변수 '수'를 만든다. '수'를 0으로 정한다.
3. **제어** **센서** 만약 B 컬러 센서가 하늘색인 경우 프로그램(4)를 실행하고, 아니면 다른 프로그램(5, 6)을 실행한다.
4. **라이트** A 라이트 매트릭스에 하늘색을 켠다.
5. **변수** 수를 1만큼 바꾼다.
6. **제어** 1초 동안 기다린다.
7. **제어** 2-6을 무한 반복한다.

4. 문제를 해결해요.

> 프로그램이 시작하면, 하늘색 빛이 나요.
> 동전을 넣으면, 흰색 빛이 나요. 그리고, 동전 소리도 함께 들려요.
> 동전이 몇 개 들어갔는지 수를 자동으로 세면 좋겠어요.

이렇게 작동해요.

작동 알고리즘

① 시작한다.
② 변수 '수'를 만들고, 0으로 설정한다.
③ 컬러 센서가 하늘색을 감지한다.
③-1 라이트 매트릭스에 하늘색을 켠다.
④ 컬러 센서가 하늘색을 감지하지 못한다.
④-1 사운드 'Coin'을 재생한다.
④-2 라이트 매트릭스에 흰색을 1초간 켠다.
④-3 변수 '수'를 1만큼 증가시킨다.
⑤ 3-4를 무한 반복한다.

이렇게 프로그래밍해요.

5. 도전해요.

동전이 들어가는 곳에 애니메이션 효과가 있으면 좋겠어요.

저금통 돈을 다 빼고 흔들면, 수를 0부터 다시 세면 좋겠어요.

알고리즘	프로그래밍 + 디버깅
[작동 알고리즘]에서 변경 ❺ 라이트 매트릭스를 이용하여 애니메이션 효과를 만든다. (예) ❺ A 라이트 매트릭스에 노란색 화발표를 만든다. **5-1** A 라이트 매트릭스에 노란색 + 주황색 화살표를 만든다. **5-2** A 라이트 매트릭스에 노란색 + 주황색 + 빨간색 화살표를 만든다.	
위 [동작 알고리즘]과 같음 **추가** [초기화 알고리즘] ❶ 허브가 흔들릴 때 시작한다. ❷ 변수 '수'를 (0)으로 정한다.	

4단원. 이노베이터

4-3 스마트 선풍기

 1. 이야기 속으로 들어가요.

 손 선풍기는 간단한 구조로 작동해요. 전원을 켜면 모터가 회전하고, 모터에 연결된 날개가 공기를 끌어당겨 바람을 일으킵니다. 전기를 사용하기 때문에 안전을 위해서 켜고 끄는 스위치를 잘 관리해야 합니다.

 손 선풍기를 바꾸어볼 수 있는 아이디어는 이런 것이 있어요. 선풍기의 날개를 다른 크기나 모양으로 교체하여 바람의 세기와 방향을 조절할 수 있어요. 또한 속도를 조절할 수 있는 스위치가 있다면 더 다양한 바람의 세기를 만들 수 있어요. 마지막으로, 손 선풍기에 LED를 달아서 밤에도 유용하게 사용할 수 있답니다.

 우리도 이런 기능들을 사용할 수 있는 스마트 선풍기를 만들어볼까요?

2. 만들어 보아요.

무엇을 만드나요?

작동 영상

이렇게 만들어요.

1

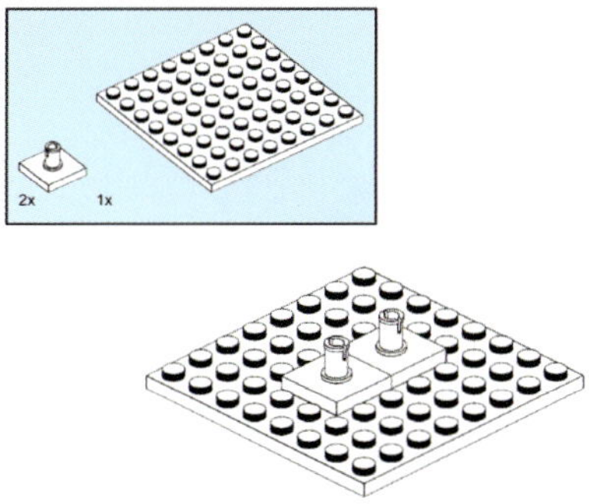

2

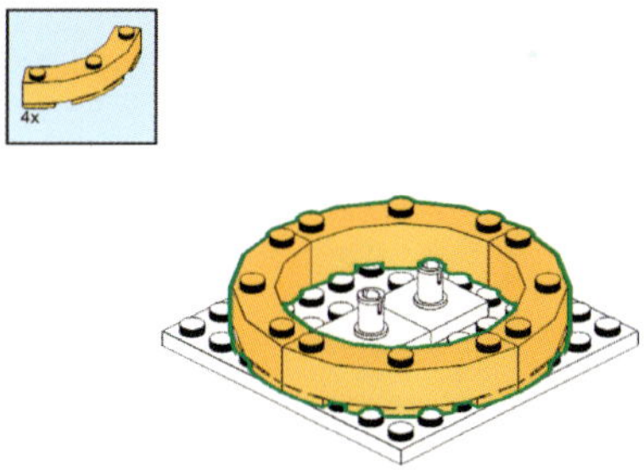

3

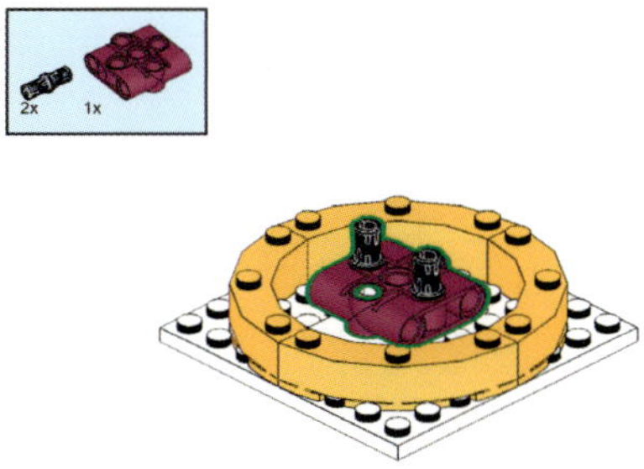

4

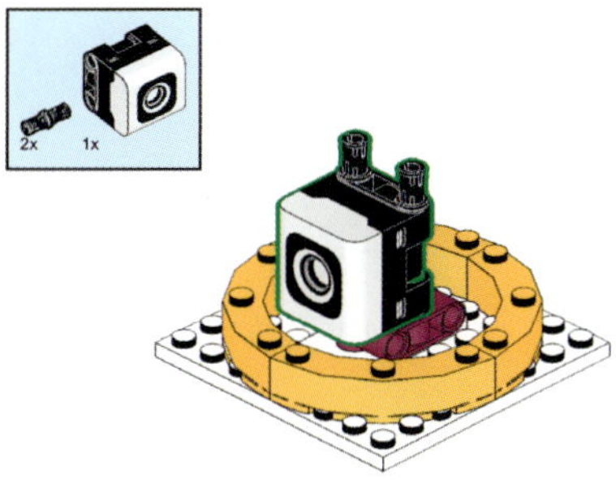

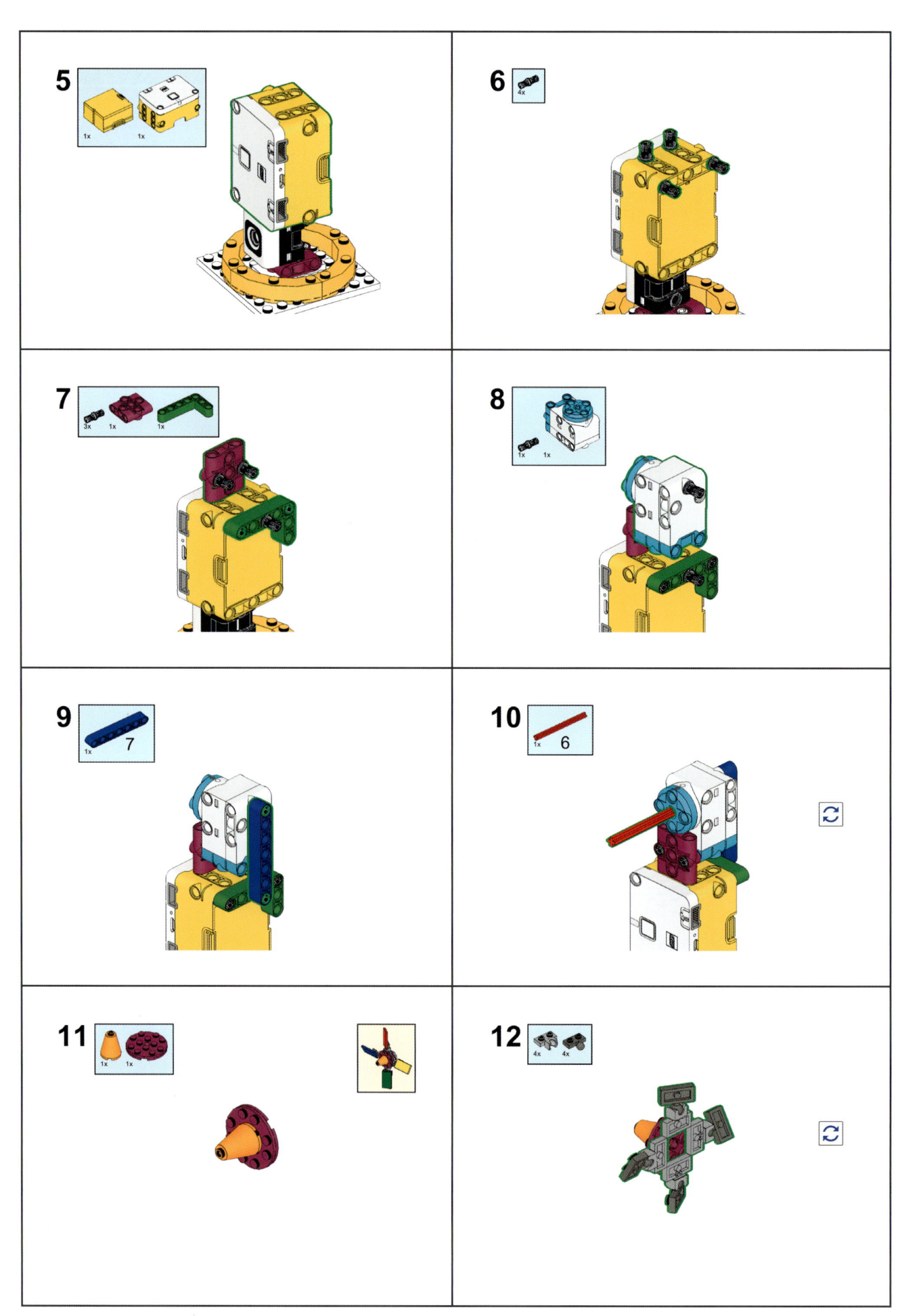

13

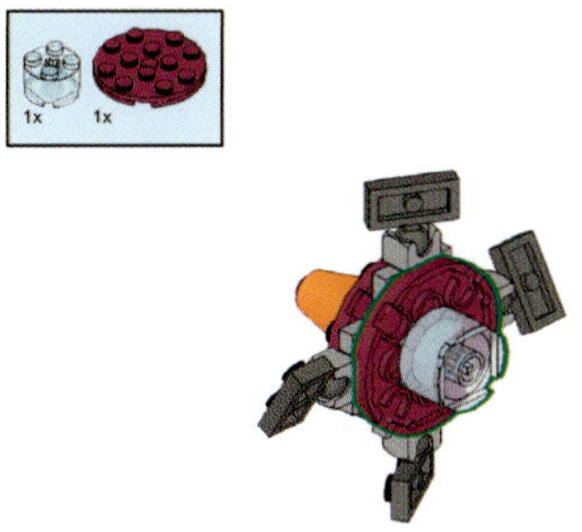

14

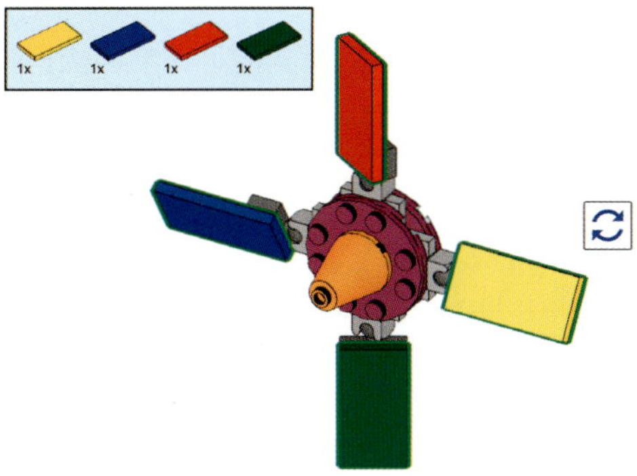

15

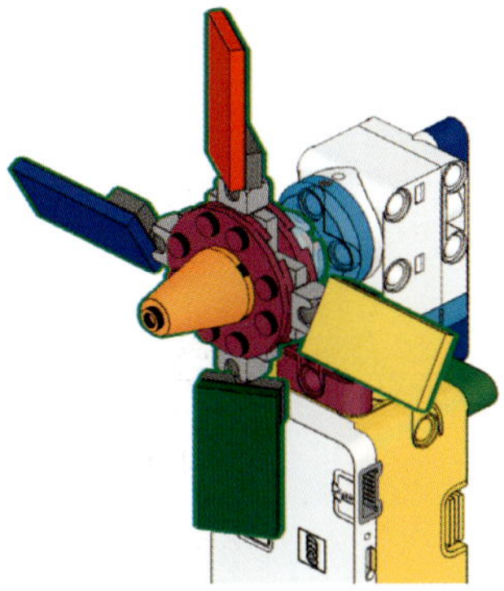

16

📷 어떻게 움직일까요?

시작을 누르면 선풍기 날개가 돌아가면 좋겠어요.

센서가 빨간색을 감지하면 속도가 빨라지면 좋겠어요.

속도가 빨라질 때, LED가 빛나면 좋겠어요.

3. 프로그래밍 해요.

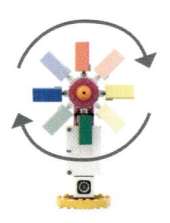

❶ 이벤트 시작한다.
❷ 모터 A 모터 속도를 40%로 정한다.
❸ 모터 A 모터를 시계 방향으로 동작시킨다.

❶ 이벤트 시작한다.
❷ 변수 변수(속도)를 만들고, 40으로 정한다.
❸ 모터 A 모터 속도를 변수(속도)%로 정한다.
❹ 모터 A 모터를 시계 방향으로 동작시킨다.
❺ 제어 센서 B 센서가 (빨간색)을 만날 때까지 기다린다.
❻ 변수 변수(속도)를 20만큼 바꾼다.
❸ 모터 A 모터 속도를 변수(속도)%로 정한다.
❸ 모터 A 모터를 시계 방향으로 동작시킨다.

❶ 이벤트 시작한다.
❷ 라이트 허브 가운데 버튼 라이트를 (없음)색으로 정한다.
❸ 제어 센서 B 센서가 (빨간색)을 만날 때까지 기다린다.
❹ 라이트 허브 가운데 버튼 라이트를 (흰)색으로 정한다.

 ## 4. 문제를 해결해요.

 프로그램이 시작하면, 선풍기 날개가 돌아가요.
선풍기 몸통을 툭툭 두드리면 속도가 빨라지면 좋겠어요.
속도가 빨라질 때 몸통에서 빛이 나면 좋겠어요.

이렇게 작동해요.

작동 알고리즘

1. 시작한다.
2. 허브 가운데 버튼 라이트를 (없음)색으로 정한다.
3. 변수(속도)를 만들고, 40으로 정한다.
4. A 모터 속도를 변수(속도)%로 정한다.
5. A 모터를 시계 방향으로 동작시킨다.
6. 선풍기의 몸통을 두드릴때까지 기다린다.
7. 허브 가운데 버튼 라이트를 (흰)색으로 정한다.
8. 변수(속도)를 20만큼 바꾼다.
9. A 모터 속도를 변수(속도)%로 정한다.
10. A 모터를 시계 방향으로 동작시킨다.

이렇게 프로그래밍해요.

5. 도전해요.

선풍기 속도를 점점 더 높일 수 있으면 좋겠어요.

선풍기 속도가 높아질 때, 빛의 색도 점점 진해지면 좋겠어요.

알고리즘	프로그래밍 + 디버깅

알고리즘

① 시작한다.
② 변수(속도)를 만들고, 40으로 정한다.
③ 무한 반복한다.
   3-1 A 모터 속도를 변수(속도)%로 정한다.
   3-2 A 모터를 시계 방향으로 동작시킨다.

① 시작한다.
② 3번 반복한다.
   2-1 B 센서가 빨간색을 만날 때까지 기다린다.
   2-2 변수(속도)를 '20'만큼 바꾼다.
   2-3 1초 기다린다.

#위의 알고리즘에서 이어져요.

추가 [라이트 알고리즘]
❶ 시작한다.
❷ 허브 가운데 버튼 라이트를 (없음)색으로 정한다.
❸ B 센서가 (빨간색)을 만날 때까지 기다린다.
❹ 허브 가운데 버튼 라이트를 (흰)색으로 정하고, 1초 기다린다.
❺ B 센서가 (빨간색)을 만날 때까지 기다린다.
❻ 허브 가운데 버튼 라이트를 (노란)색으로 정하고, 1초 기다린다.
❼ B 센서가 (빨간색)을 만날 때까지 기다린다.
❽ 허브 가운데 버튼 라이트를 (주황)색으로 정하고, 1초 기다린다.
❾ B 센서가 (빨간색)을 만나면 모든 명령어를 멈춘다.

#기본은 위 프로그램과 같음
+

4단원. 이노베이터

4-4 분리 상자

 **1. 이야기 속으로 들어가요.**

　분리수거란, 우리가 버리는 쓰레기를 종류별로 나누어서 버리는 것을 말해요. 이렇게 분리해서 버리면 환경을 지킬 수 있고, 자원으로 재활용할 수도 있습니다.

　분리수거는 종류별로 해야 해요. 예를 들어, 종이, 플라스틱, 유리, 음식물 쓰레기를 따로 분리해서 버려야 하죠. 특히 분리한 쓰레기 중에서 재활용할 수 있는 것은 재활용센터로 보내어지고, 자원을 재활용하여 환경을 보호할 수 있어요.

　물건을 사용하는 것은 우리에게 편리하지만, 자연에는 오염을 일으킬 수 있어요. 꼭 필요한 물건인지 생각해 보고 쓰는 태도와 습관이 중요합니다.

　우리들도 물건을 분리할 수 있는 상자를 생각해 보고, 작동 원리에 맞게 만들어서 표현해 볼까요?

2. 만들어 보아요.

무엇을 만드나요?

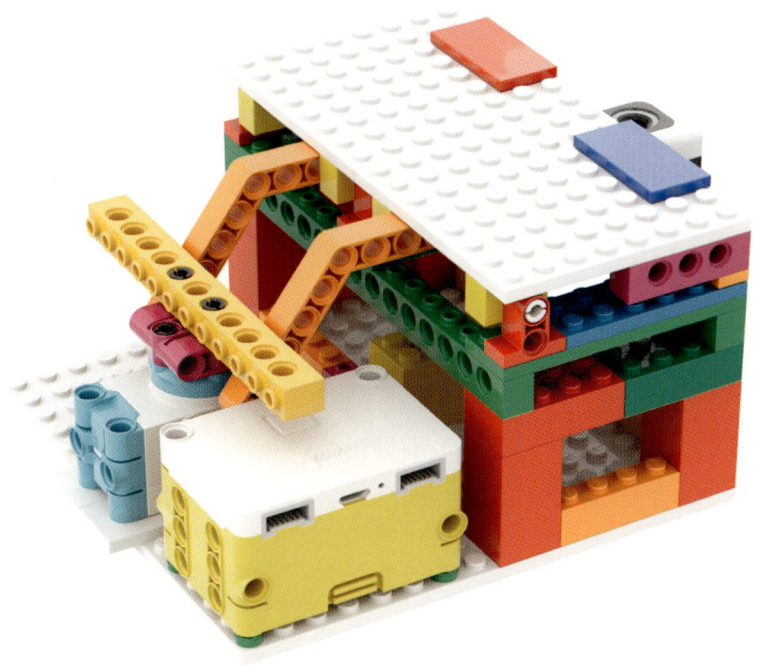

작동 영상

이렇게 만들어요.

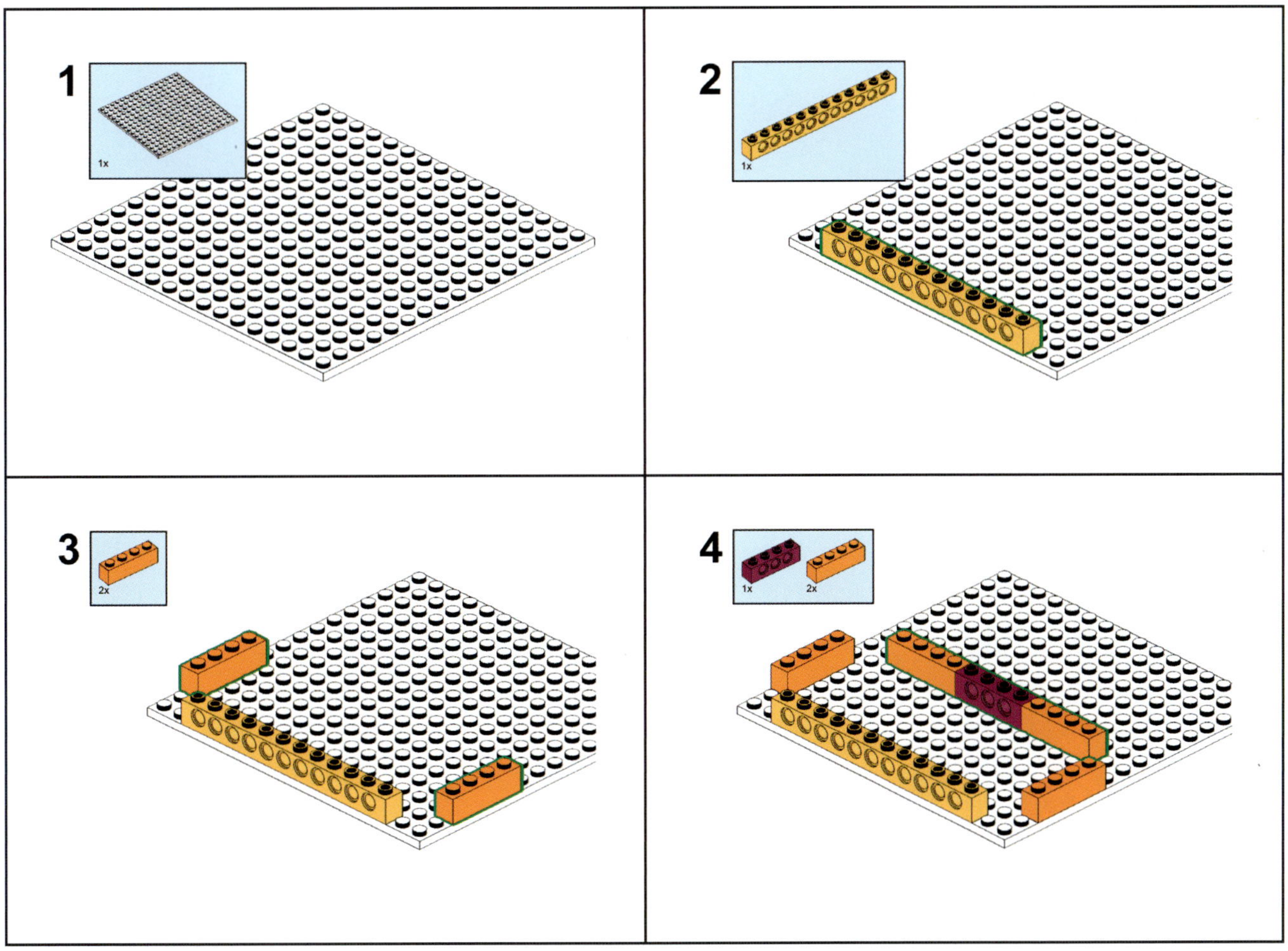

1

2

3

4

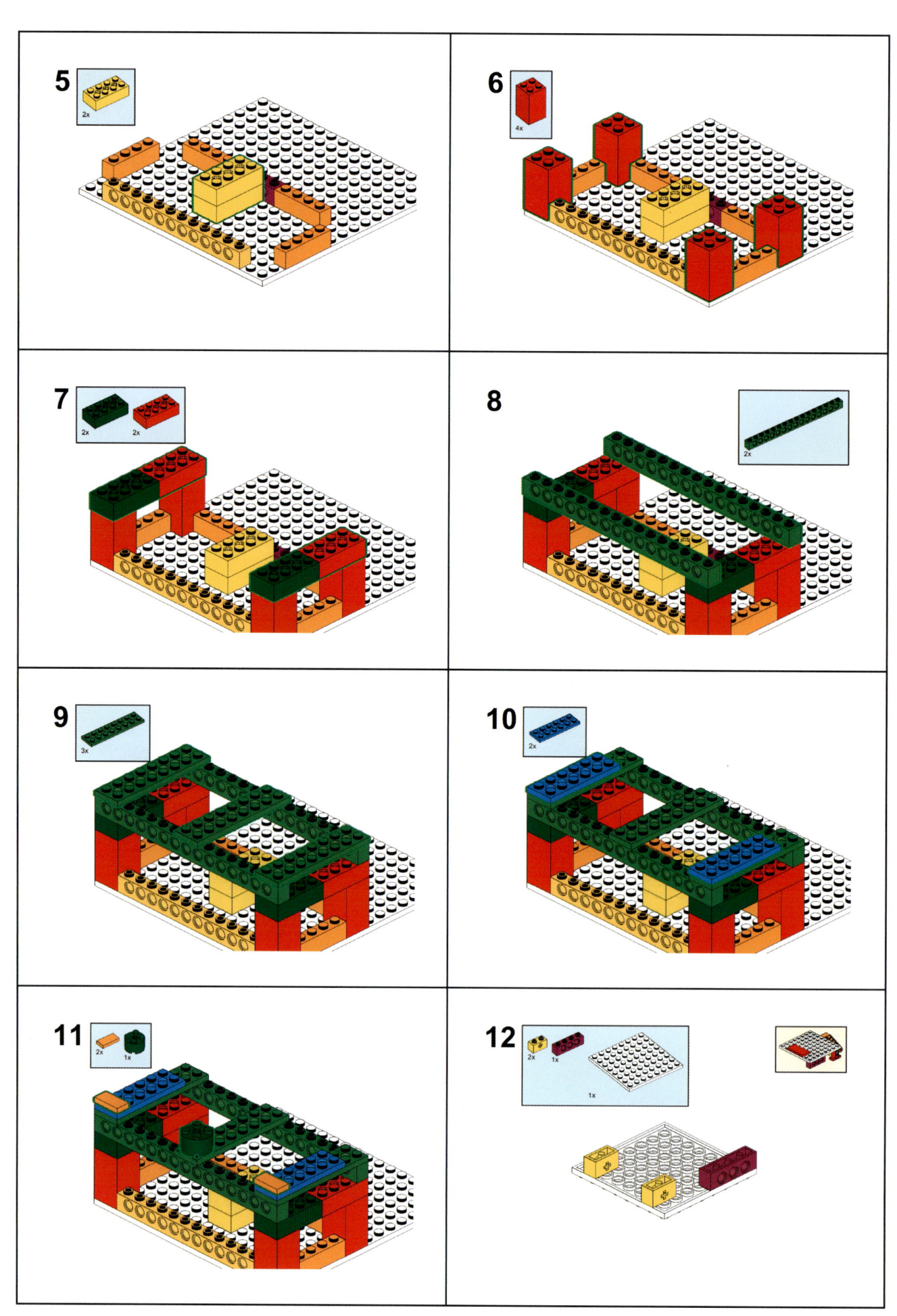

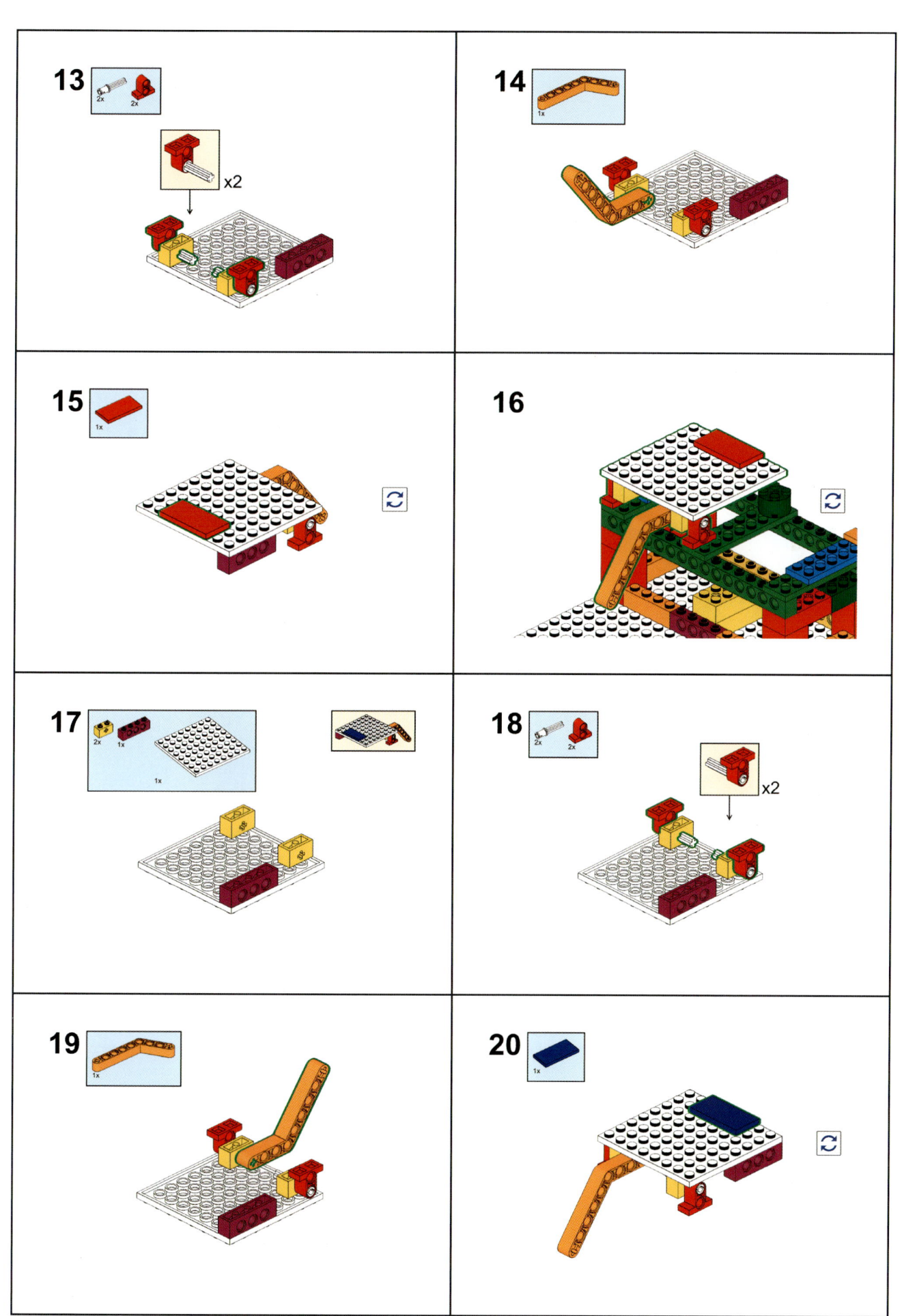

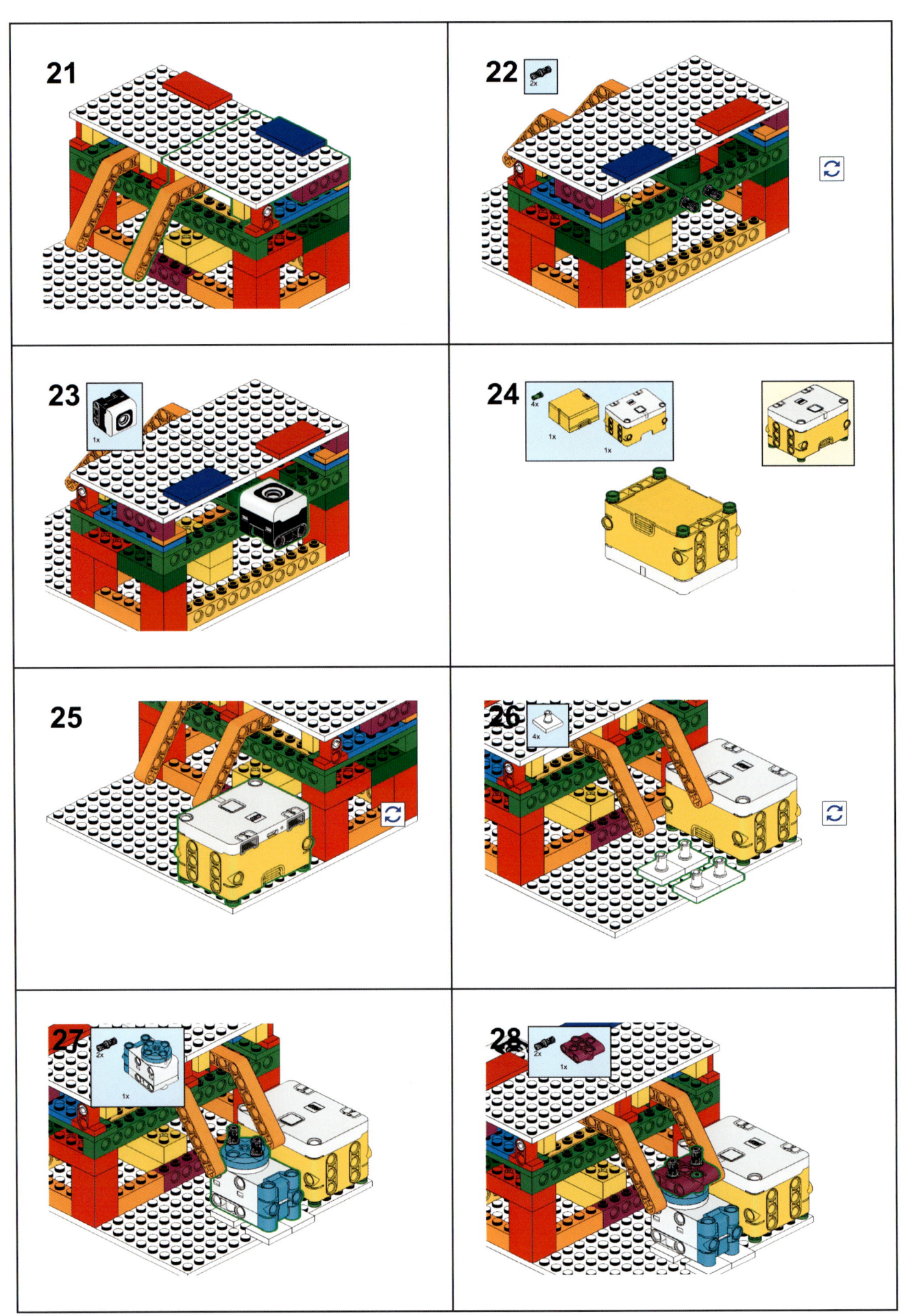

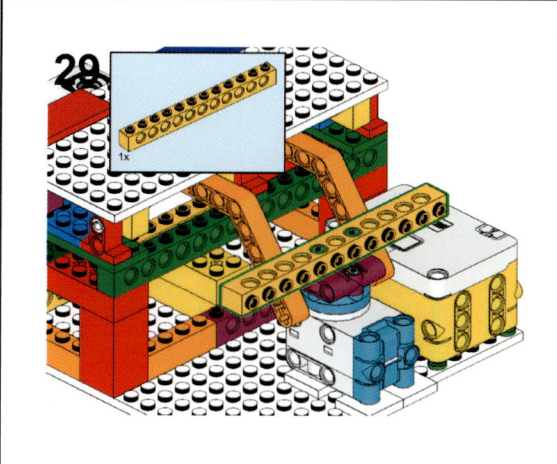
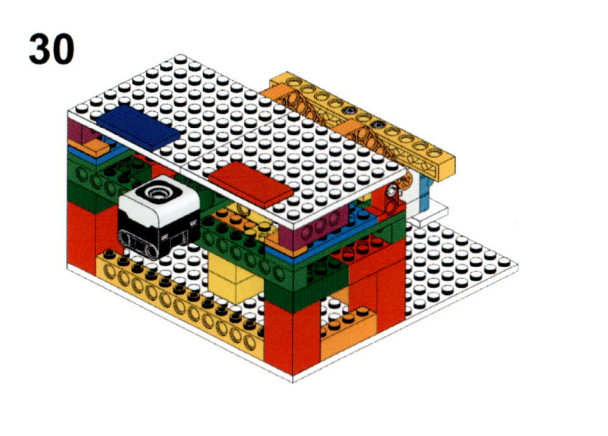

어떻게 움직일까요?

빨간색을 센서에 올리면 오른쪽이 열리면 좋겠어요.

파란색을 센서에 올리면 왼쪽이 열리면 좋겠어요.

뚜껑이 열릴 때 소리가 나면 좋겠어요.

3. 프로그래밍 해요.

① **이벤트** B 센서 색상이 빨간색이면 시작한다.
② **모터** A 모터 속도를 50%로 정한다.
③ **모터** A 모터를 시계 방향으로 40도만큼 작동시킨다.
④ **제어** 1초 기다린다.
⑤ **모터** A 모터가 최단 거리로 0까지 이동한다.

① **이벤트** B 센서 색상이 파란색이면 시작한다.
② **모터** A 모터 속도를 50%로 정한다.
③ **모터** A 모터를 시계 반대 방향으로 40도만큼 작동시킨다.
④ **제어** 1초 기다린다.
⑤ **모터** A 모터가 최단 거리로 0까지 이동한다.

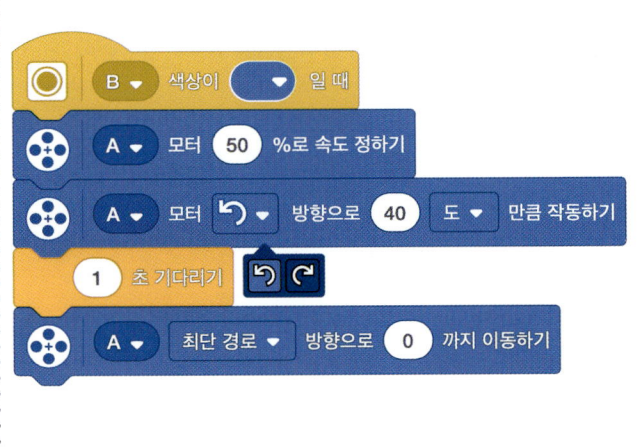

① **이벤트** B 센서 색상이 빨간색이면 시작한다.
② **사운드** 'Bite' 소리를 재생한다.

① **이벤트** B 센서 색상이 파란색이면 시작한다.
② **사운드** 'Bite' 소리를 재생한다.

140

4. 문제를 해결해요.

프로그램이 시작하고, 빨간색이 감지되면 오른쪽 뚜껑이 열리면서 소리가 나요. 파란색이 센서에 감지되면 왼쪽 뚜껑이 열리면서 소리가 나면 좋겠어요.

이렇게 작동해요.

작동 알고리즘

1 시작한다.
2 A 모터 속도를 50%로 정한다.
3 무한 반복한다.
4 만약, B 센서의 색상이 빨간색이라면,
4-1 'Bite' 소리를 재생한다.
4-2 A 모터를 시계 방향으로 40도만큼 작동시킨다.
4-3 1초 기다린다.
4-4 A 모터가 최단거리로 0까지 이동한다.
5 만약, B 센서의 색상이 파란색이라면,
5-1 'Bite' 소리를 재생한다.
5-2 A 모터를 시계 반대 방향으로 40도만큼 작동시킨다.
5-3 1초 기다린다.
5-4 A 모터가 최단거리로 0까지 이동한다.

이렇게 프로그래밍해요.

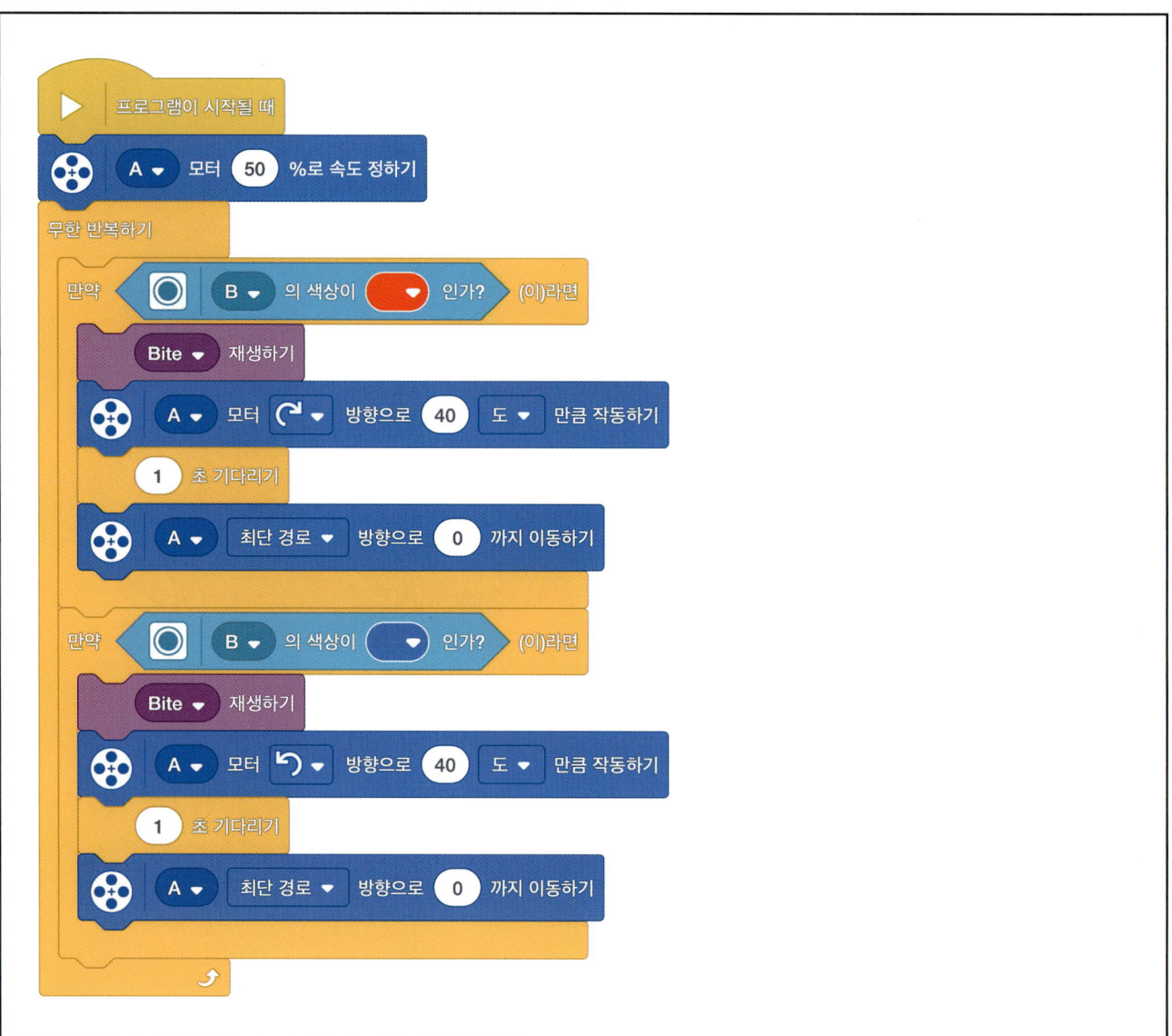

5. 도전해요.

 색이 감지되면 불빛이 들어오면 좋겠어요.

 보이지 않는 사람도 안내를 듣고 넣는 쪽을 알 수 있게 하면 좋겠어요.

알고리즘	프로그래밍 + 디버깅
[작동 알고리즘]과 같음. **추가** **4-1-1** 허브 가운데 버튼 라이트를 빨간색으로 정하기 **4-4-1** 허브 가운데 버튼 라이트를 흰색으로 정하기 **5-1-1** 허브 가운데 버튼 라이트를 파란색으로 정하기 **5-4-1** 허브 가운데 버튼 라이트를 흰색으로 정하기	#기본은 위 프로그램과 같음 + 
#위의 프로그램과 같아요. **수정** **4-1** 작은 삼각형을 눌러 '녹음'을 선택하고, "오른쪽입니다."를 녹음하고 선택하기 **5-1** 작은 삼각형을 눌러 '녹음'을 선택하고, "왼쪽입니다."를 녹음하고 선택하기	#기본은 위 프로그램과 같음 + 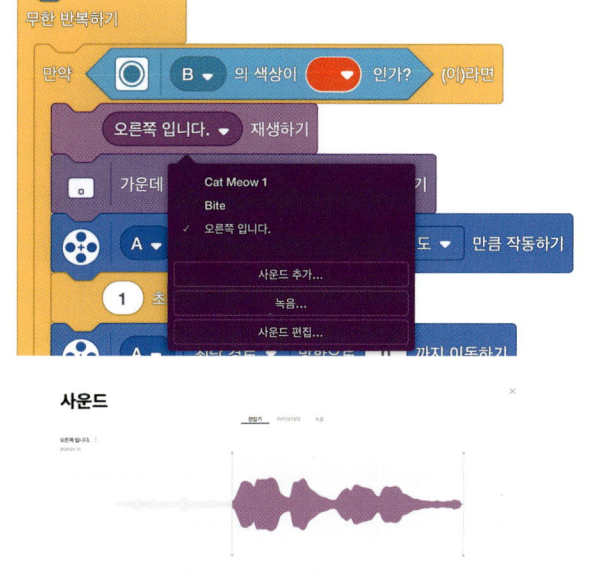

이야기 속 즐거운 컴퓨터 과학
With 스파이크™ 에센셜

참고 문헌

[1] 교육부(2021.11.24.). 2022 개정 교육과정 총론 주요사항.

[2] 김인철. (2023). CBL 기반 ML 학습프로그램이 창의적 문제해결력에 미치는 영향. 대구교대 교육대학원 AI교육 석사학위논문.

[3] 김병섭. (2020). NE(Novel Engineering)가 독서 능력, 문제해결력, 공학 창의성에 미치는 효과. 한국교원대학교 교육대학원 초등국어교육 석사학위논문.

[4] 김진숙 외 10명. (2015). SW교육 교수학습 모형 개발 연구. 한국교육개발원. 수탁연구 CR 2015-35

[5] 김현철, 김수환. (2020). 처음 떠나는 컴퓨터과학 산책. (주)생능출판사

[6] 한국정보교육학회(2023). 2023 초등학교 정보과 교육과정.

[7] Churches, A. (2008). Bloom's digital taxonomy. Australian School Library Association NSW Incorporated. http://burtonslifelearning.pbworks.com/f/BloomDigitalTaxonomy2001.pdf

[8] Mitchell Resnick. (2018). Lifelong kindergarten. 최두환(역) (2018). 미첼레스닉의 평생유치원. 서울: 다산사이언스.

[9] Seymour Papert. (1980). Mindstorm. 이현경(역) (2020). 마인드스톰: 어린이, 컴퓨터, 배움 그리고 강력한 아이디어. 서울: 인사이트.

저자 김인철 **편집자** 이원희

발행일 2024년 10월 8일

발행처 (주)핸즈온테크놀러지

주소 서울시 영등포구 양평로30길 14 세종앤까뮤스퀘어 910호

전화 (02) 2608-2633

홈페이지 www.handsontech.co.kr

가격 20,000원

ISBN 979-11-985244-0-9

저자의 허락없이 무단전재나 복사를 금합니다.
파본이나 낙장본은 당사로 연락주시면 교환해 드립니다.